Zaubertricks

Johann Merlin

Zaubertricks

für Anfänger und Fortgeschrittene

FALKEN

Zum Thema Zaubern sind bei FALKEN außerdem folgende Bücher erschienen:
„Zaubern" (Nr. 2018)
„Kartentricks" (Nr. 2010)
„Neue Kartentricks" (Nr. 2027)

Die Zaubertricks in diesem Buch wurden dem nicht mehr erscheinenden FALKEN Handbuch „Zaubern" (Bd. 4063) entnommen und überarbeitet.

ISBN 3 8068 0282 3

Titelfoto: Wolfgang Debernig, Mannheim
Zeichnungen: Edith Kuchenmeister, Wiesbaden

Satz: Studio Oberländer, Wiesbaden
Druck: Konkordia Druck GmbH, 77815 Bühl

10028287X161 514

Inhalt

Zaubern lernen – keine Kunst

Dieses Buch soll auf einfache Weise den an der Zauberei Interessierten Anregungen und Tricks vermitteln, wie es ein Amateurzauberer zur eigenen Freude oder als Unterhalter im Bekanntenkreis, im Verein und bei festlichen Gelegenheiten verwenden kann. Sobald der „Zauberlehrling" einige Tricks beherrscht – es müssen keine großen und neuen Tricks sein –, kann er sich auch als Mitglied bei einem der 43 örtlichen Magischen Zirkel Deutschlands bewerben. Diesen Weg sind auch die Berufszauberer meist gegangen.

Geschrieben wurde es, wie bereits gesagt, für Laien. Die Zaubertricks sind daher sehr anschaulich beschrieben und mit Zeichnungen versehen, die es leicht machen, die verschiedenen Handgriffe und Kniffe zu erfassen. Da es nun leichte und schwierigere Tricks gibt, ist jeder einzelne Trick (außer Bühnentricks und Illusionen) gekennzeichnet. Ein Kreuzchen (x) neben der Überschrift bedeutet, daß es sich um einen ganz leichten Trick handelt, zwei Kreuzchen zeigen an, der Trick ist einfach, drei, er ist etwas schwieriger, vier, er muß gut geübt werden, fünf, dieser Trick ist ziemlich schwierig. Im allgemeinen sind aber alle Tricks, die hier dargestellt werden, vom Amateur durchzuführen. Der Zauberer spezialisiert sich meist auf ein oder zwei Gebiete, beispielsweise auf Karten- und Seiltricks. Darum wird empfohlen, sich erst mit den leichten Tricks der Klasse eins und zwei aller Gebiete zu beschäftigen, um herauszufinden, welche Art einem am besten liegt.

Wer hat wohl noch nicht die Bemerkung gemacht: „Man müßte zaubern können!" Dieser Wunsch wird gewiß ein Traum bleiben, auch im Zeitalter des technischen Fortschrittes. Wenn heute ein Zauberer oft die Schwerkraft und andere Naturgesetze aufzuheben scheint, so weiß man, daß dies ein ganz natürlicher Vorgang ist. Trotzdem bewundert man jemanden, der es fertig bringt, durch Geschicklichkeit oder Täuschung seine Zuschauer zu faszinieren und zu unterhalten.

Es gibt Tausende von Zauberbüchern, besonders in Amerika, und laufend erscheinen neue. Aber oft bleibt der Käufer unzufrieden, denn er erhält wohl eine Lösung der Tricks, ist jedoch enttäuscht, daß er die Tricks nicht gleich selbst vorführen kann. Dazu ist laufende Übung, immer wieder Übung notwendig, und das erfordert viel Geduld. Doch nur durch Übung erreicht man die zur Täuschung nötige Geschicklichkeit und Geschwindigkeit, die die Grundlage vieler Tricks sind. Man sagt mit Recht: „Geschwindigkeit ist keine Hexerei!"

Obwohl viele Tricks inzwischen veröffentlicht sind, kann man nicht von einer Entzauberung der „Weißen Magie" sprechen. Nur durch Zauberliteratur kann man sich informieren, und das ist nötig, denn um zum Beispiel im Magischen Zirkel Mitglied zu werden, ist es erforderlich, bereits eine

Anzahl von Tricks, Kartenkunststücken, Tischzauberei und dergleichen mehr zu beherrschen. Der Interessent muß also schon einige Vorkenntnisse haben, wenn er sich bei einem der Ortszirkel für eine Probezeit meldet und später die Aufnahmeprüfung bestehen will. Das kann er nur durch Studieren von Fachliteratur erreichen. Auch die Mitglieder selbst schöpfen aus solchen Quellen. Alle schönen, wertvollen Tricks aus früherer Zeit wären verloren, gäbe es nicht die Zauberliteratur.

Die Bibliothek des Magischen Zirkels von Deutschland, der seit 1912 besteht, hat über 600 magische Bücher für seine Mitglieder zur Verfügung, und trotzdem ist damit die Fachliteratur bei weitem nicht erschöpft.

Magier einst und heute

Es ist ein sehr weiter Weg vom Magier früherer Zeit bis zum modernen Zauberer. Berichte reichen an fast sechstausend Jahre zurück. Meist waren Religion und Zauberei eng verbunden. Die Priester der Ägypter, Chaldäer und Griechen waren zugleich Wissenschaftler, Naturforscher, Ärzte und Philosophen, und sie benutzten viele Tricks, damit das Volk an ihre übernatürlichen Kräfte glaubte. Taschenspielertricks waren auch damals schon üblich. Schriften des Herrn von Alexandria, der vermutlich um das Jahr 100 n. Chr. lebte, berichten darüber, besonders was Apparate anbetrifft, die Wein und Wasser hervorbringen (später „Wasser aus Indien" vorgeführt von Zauberer Kalanag). In der Tempelruine bei Alba, am Fuciner See in Italien, fand man verborgene Sprechrohrleitungen. Sie dürften das Rätsel des orakelverkündenden, sprechenden Kopfes des Orpheus auf der Insel Lesbos lösen. Auch der Wunderbrunnen auf der Insel Andros, der an sieben Tagen des Jahres Wein gab, zeugt von hydrostatischen Kenntnissen der Priester. Das gleiche gilt für die jährlichen Baccusfeste der Stadt Elis, wo sich drei leere Urnen von selbst füllten.

Neben den privilegierten Priestermagiern gab es im Altertum profane Magier, die von Priestern nicht anerkannt wurden. Desgleichen die wandernden Artisten, Gaukler und Taschenspieler. Damals waren die Becherkünste eine besondere Attraktion, wobei man Kügelchen erscheinen und verschwinden ließ. Auch Walther von der Vogelweide berichtete von diesem Becherspiel. Während der Epoche der Hexenverbrennung, war auch die Tätigkeit der Taschenspieler sehr gefährlich. Zahlreiche behördliche Verordnungen aus der Zeit von 873 bis 1682 verdammten Zauberer wie Hexen zum Flammentod. Noch 1737 wurde ein Taschenspieler, der Begleiter des reisenden Zahnbrechers Johann Plan aus Breslau war, in Schwersenz bei Posen der Zauberei angeklagt, gefoltert und gehängt.

Der bayerische Hofrat Carl von Eckartshausen hat 1791 verschiedene Kunststücke erläutert und aufgeklärt. Bekannt und auf Jahrmärkten heute noch zu sehen, ist der Trick mit den „Cartesianischen Teufelchen", die in einer Glasröhre durch Druck auf die Wasseroberfläche auf- und absteigen, also ein harmloses physikalisches Spielzeug. Als gegen Ende des 17. Jahrhunderts der Marktschreier und Zauberer Grimaret dies in Spanien vorführte, geriet er in Konflikt mit der Inquisition. Er sollte gehängt werden, und verdankte sein Leben nur der Fürsprache eines bekannten Jesuiten, der das Experiment kannte.

Taschenspielerei und Gauklerkünste waren damals eins; man war oft zugleich Feuerschlucker, Seiltänzer und Akrobat. Das fahrende Volk genoß keine besondere Achtung in der Öffentlichkeit und hatte oft einen schlechten Ruf. Sie gaben sich zu geheimnisvoll und galten als Scharlatane und Betrüger. Erst im 19. Jahrhundert verzichtete man auf den Nimbus des Magischen, und die Zauberei entwickelte sich zu einer richtigen Kunst. So konnte Goethe im Juli 1831 dem berühmten Zaubermeister Ludwig Döbler, dem Hofkünstler Seiner Majestät des Königs von Preußen, ins Stammbuch schreiben: „Was braucht es ein Diplom besiegelt? Unmögliches hast Du uns vorgespiegelt."

Bei den Zaubervorführungen sind neben Geschicklichkeit, Fertigkeit und Erfahrungen die Persönlichkeit, die intuitive Begabung und die psychologische Tätigkeit des Zauberers entscheidend. Er muß eine günstige Stimmungslage schaffen, die richtige suggestible Einstellung des Zuschauers hervorrufen, dann ist ihm der Erfolg gewiß. Ausschlaggebend ist der Vortrag oder eine sinnvolle, passende musikalische Untermalung.

Hier nun einige große Meister der Zauberkunst:

Aus Romanen und geschichtlichen Darstellungen ist besonders Alexander Graf Cagliostro (Guiseppe Balsamo), 1743 bis 1795, aus Italien bekannt. Als Zauberer verstand er es, sich besonders in den vornehmen Kreisen durchzusetzen sowie seine Umgebung raffiniert und rücksichtslos auszubeuten und zu beschwindeln. Er hat die Zauberei dadurch in einen schlechten Ruf gebracht.

Um 1750 spielte in der Zauberei der Vermessungsgeometer Joseph Penetti Professeur, auch Ritter von Willedal de Merci genannt, in Italien eine Rolle. Er erwarb sich mit der Zauberkunst ein großes Vermögen. Leider erweckte er bei seinen Vorführungen bewußt den Anschein des Übernatürlichen, was man ihm übelnahm und wofür man ihn, besonders in den Gelehrtenkreisen, angriff. Sein Vermögen steckte er in Ballon-Luftschiff-Versuche.

Dagegen war Bartolomeo Bosco (1793 bis 1863) aus Dresden ein Zauberer, der nicht so sehr mit Übertreibung arbeitete. Das Kugel- und Becherspiel hat besonders seinen Ruhm begründet.

Als Arzt in Napoleons Feldzug nach Rußland geriet er in Gefangenschaft nach Sibirien. Von da aus wurde seine Zauberkunst in ganz Europa sowie in Teilen der Orients bekannt und mit großem Beifall aufgenommen. Er war eigentlich der typische „Salonmagier", zauberte aber auch in der Gastwirtschaft, auf der Straße, in der Postkutsche – also überall, wo er Menschen antraf.

Er war gewissermaßen ein Rivale des berühmten Zauberers Robert Houdin (1805 bis 1843), von Beruf Uhrmacher.

Houdin war der größte Zauberer Frankreichs. Er besaß sogar ein Zaubertheater in Paris und verstand es, durch seine magischen Darbietungen den Aufstand der Araberstämme in Algerien zu unterdrücken. Bekannt waren auch seine selbst entwickelten Automaten, zum Beispiel eine schreibende und zeichnende Figur und die „unerschöpfliche Flasche", obgleich der Flaschentrick schon 1643 von Henry Deans gezeigt wurde. Mit dieser Flasche konnte man verschiedene Flüssigkeiten ausgießen. Als Houdin sich später zurückzog, widmete er sich wissenschaftlichen und technischen Studien. Zu dieser Zeit machte der Wiener Ludwig Döbler (1801 bis 1864) von sich reden. Man sagt, daß er in seiner Zeit der vornehmste Künstler gewesen ist und vor mehreren gekrönten Häuptern gezaubert habe, auch vor Goethe. Seine Spezialität war, mit künstlichen Seidenpapierblumen zu zaubern. Döbler bereiste ganz Europa mit Erfolg. Döbler konnte sich ein großes Vermögen erwerben, so daß er sich sehr früh zurückzog und für sich lebte. Straßen, Plätze, Eßwaren und ähnliches wurden in Wien nach ihm benannt.

Viele Zauberer nannten sich später Bellachini, weil unter diesem Namen der echte Samuel Bellachini (1828 bis 1885) weltberühmt wurde. Er hieß eigentlich Berlach, war Klempner von Beruf und stammte aus Posen. Durch Zufall wurde er bei Kaiser Wilhelm I. Hofkünstler.

Eine ganze Dynastie von Zauberern brachten die Familien Maskelyne und Bamberg (17. bis 19. Jahrhundert) hervor. Sie arbeiteten viel mit Illusionen, Zauber- und Geisterkabinetten. In ihrem eigenen Zaubertheater konnte man Enthauptungen, schwebende Körperteile und ähnliches bestaunen. Die berühmte schwebende „Okitokugel" gilt heute noch als einer der besten Tricks.

Weniger bekannt, aber sehr gut war der Zauberer Wiljalba Frikell (Wilhelm Frickel) aus Sagan (1818 bis 1903), der ohne Apparate arbeitete; nicht einmal einen Tisch hatte er auf der Bühne. Er war ganz auf seine Fingerfertigkeit angewiesen. König Otto I. von Griechenland hatte ihn als Hofmagier engagiert. Frikell zauberte vor „hohen und höchsten Herrschaften", auch in Indien und Südamerika. Er wurde sehr reich und setzte sich 1862 in seinem Haus in Warmbrunnen zur Ruhe. Doch bald verlor er an der Börse seinen gesamten Besitz. Er ging wieder auf Reisen, kam wieder zu Wohlstand und setzte sich schließlich in Dresden zur Ruhe.

Ein sensationeller Zauberer war der Amerikaner Hocaca Goldin (Goldstein, 1874 geb.) mit seinem rasanten Vorführungstempo und dem Durchsägen einer Person mit einer Kreissäge.

Der amerikanische Zauberer Dante (1924) wurde bekannt durch Illusionen, Handtricks, Salonmagie und Manipulationen in bester Darstellung. Er brachte den Schuß auf eine Mädchen mit dem Gewehr, wobei ein Bild, welches das Mädchen hielt, sowie das Mädchen selbst von einem Seidenband durchbohrt wurden.

Nach dem Zweiten Weltkrieg kam mit dem Zauberer Helmut Schreiber-Kalanag (gestorben 1964) die große Zauberschau „Kalanag und Gloria" auf. Kalanag war zuvor Filmproduktionsleiter bei der Bavaria gewesen. Er wurde der Nachfahre altberühmter Ausstattungskünstler. Hier entstand das Zauberwort „Simsalabim" aus einem Kinderlied, das Kalanag zufällig gehört hatte. Kalanag bereiste mit seiner Zauberschau erfolgreich die ganze Welt. Seine Schau umfaßte 80 Personen und 70 Tonnen Gepäck. Es war die bisher größte magische Revue der Welt, die drei Stunden bei atemberaubendem Tempo und bester organisatorischer Leistung dargeboten wurde. Wie früher der große Zauberer Alois Kassner auf der Bühne einen Elefanten verschwinden ließ (ohne Versenkung), machte Kalanag das gleiche auf raffiniert technische Weise, auch ohne Versenkung, mit einem vollbesetzten Auto.

Noch zu erwähnen ist Fredo Marvelli (1903 bis 1971). Man nannte ihn den „Paganini der Zauberkunst", da er keine revueartige Aufmachung hatte und darin die Zauber-„Kunst" lag. Voraussetzung war die Vielseitigkeit Marvellis, der zwei Stunden allein das Publikum bezaubern konnte. Haupttrick war sein phosphoreszierendes Seil, das bei mystischer Beleuchtung Bewegung erhielt, ohne daß die Hände es berühren; Marvelli wirkte dabei wie ein Schlangenbeschwörer.

Der Magische Zirkel von Deutschland (MZvD) wurde 1912 in Hamburg gegründet. Er hat 43 Ortszirkel mit 1300 Mitgliedern. Der Magische Zirkel distanziert sich von Spiritismus, Okkultismus und denjenigen, die vorgeben, mit übernatürlichen Kräften zu arbeiten. Die Mitgliedschaft erwirbt man über den Ortszirkel nach Probezeit und Prüfung. Voraussetzung ist, daß der Anwärter schon einige Vorkenntnisse besitzt, die er sich durch Zauberliteratur oder Schulung durch ein Mitglied erworben hat.

Tips für zukünftige Zauberer

Ein Zauberer will die Aufmerksamkeit der Zuschauer gewinnen. Er darf nicht sagen, was er zu tun beabsichtigt, damit man nicht den Ausgang der Tricks erraten kann.

Keine Hast bei der Vorführung, sondern Ruhe und Natürlichkeit und keine zu lange Vorführung.

Keine Wiederholung der Tricks.

Keine Trickerklärung (außer sogenannter Scheinerklärung).

Abwechslung im Programm, damit man nicht immer dieselben Handbewegungen zeigt.

Der Vorführung ist eine persönliche Note zu geben, also den vorgegebenen Vortrag individuell gestalten.

Die Tricks müssen so beherrscht werden, daß der Zauberer die Zuschauer laufend beobachten kann. Viele Tricks wirken erst durch das sogenannte „Drumherumreden", das aber doch sinnvoll sein muß.

Der Zauberer soll genau prüfen, ob der Trick durch die Länge der Vorführung spannender wird und dabei die Zuschauer beobachten.

Wer kein guter Redner ist, soll sich auf Tricks ohne Erläuterungen begrenzen oder sie mit musikalischer Untermalung vorführen.

Werden Einzelpersonen zur Mitarbeit benötigt, so sind diese mit besonderer Höflichkeit zu behandeln und niemals in Verlegenheit zu bringen.
Zweifelhafte Tricks, die vielleicht zweideutiger Natur sind (beispielsweise das Erscheinenlassen von Reizwäsche) dürfen auch im engsten Kreise nicht gebracht werden.
Man vermeide bei der Vorführung den Anschein des Übersinnlichen und des Hellsehens und betone deshalb, daß es sich um einen Trick handelt.
Nur Übung macht den Meister und gibt Ruhe und Sicherheit. Das gilt sowohl für die Darbietung als auch für den Vortrag.

Welche Tricks man bevorzugt

Es ist schwer zu sagen, welche Tricks zu bevorzugen sind, denn es gibt so viele Arten, zum Beispiel mit Münzen, Geldscheinen, Fingerhüten, Bällen, Tüchern oder Karten. Deshalb sollte man alle einmal durchlesen. Dabei wird man schnell herausfinden, was einem besonders gut liegt. Überraschenderweise beschäftigen sich die meisten Zauberer auch mit Kartenkunststücken. Es ist das Fachgebiet, über das es im In- und Ausland die meiste Literatur gibt. Spezialkarten werden dabei seltener verwendet.
Man soll sich ruhig mit schwierigen Tricks beschäftigen, auch wenn man nur für sich, nur zum Vergnügen zaubert. Will man aber andere Personen unterhalten, wähle man die Tricks, die einem sofort liegen, die ohne größere Übung gelingen, beispielsweise einige Karten- und Tüchertricks. Letztere sind sehr wirkungsvoll. Die bunten Tücher wirken ansprechend, und die Tricks bedürfen selten besonderer zusätzlicher Fingerfertigkeit, wie das bei Fingerhut- oder Balltricks der Fall ist. Natürlich gibt es Zauberer, die sich bevorzugt mit sogenanntem Gedankenlesen und telepathischen Tricks beschäftigen. Dabei soll man aber nicht vergessen, daß bei diesen Tricks die Mitwirkung eines Zuschauers notwendig ist und dieser dabei zusätzlich eine Denkaufgabe bekommt. Solche Tricks als Einlage sind interessant, aber man sollte davon nicht mehrere bringen, denn die Zuschauer sollen sich ja bezaubern lassen ohne selbst mitzuwirken.

Wie man Tricks einstudiert

Zum Erlernen von Tricks gehört es, daß man sich jede Zauberdarbietung im Fernsehen, im Varieté und wo auch immer ansieht, um zu beobachten, wie sicher und gewandt die Berufszauberer auftreten. Übrigens: Die meisten Amateure kennen und beherrschen wesentlich mehr Tricks als manche Berufszauberer!
Man sollte nur die Tricks erlernen, auf die man sofort anspricht. Dabei geht man so vor, daß man alle in diesem Buch beschriebenen Tricks durchliest und sich dabei sogleich im Buch anmerkt, wie einem der Trick gefällt, also „gut“, „sehr gut“ und so fort. Dann entscheidet man sich auch für die Art der Tricks, denn dem einen liegen vielleicht Seil- und Balltricks, einem anderen solche mit Tüchern und Karten. Man läßt also die Tricks, die einem nicht gleich gefallen, beiseite. Dann wählt man von den für gut befundenen zunächst vier aus, liest sie genauestens durch und übt sie

dann gründlich, auch vor dem Spiegel. Diese Tricks, nur diese, sind so oft zu üben, bis man sie wie ein Berufszauberer beherrscht. Bei der Vorführung sollen sie praktisch von allein von der Hand gehen. Man muß dann nicht mehr mitdenken und kann seinen Blick dem Zuschauer widmen. Nur so wird man ein guter Zauberer. Also nur vier Tricks! Erst wenn man diese vollkommen beherrscht, kommen zwei weitere dazu, bis dann alle sechs einwandfrei gebracht werden. Man unterschätze auch nicht den einfachen kleinen Trick, auch er muß laufend geübt werden. Man sollte allgemein mit einfachen Tricks verblüffen – der Zuschauer kann hier leicht und schwer nicht so unterscheiden –, erst dann richte man seine Energie auf die schwierigeren. Es ist bekannt, daß die einfachsten Tricks meist besonders wirkungsvoll sind.

Selbstverständlich war hier nur vom Üben der Einzeltricks die Rede, nicht von bestimmten Zaubergriffen wie Palmieren, Forcieren, Abschleifen und dergleichen mehr. Diese Griffe, die ein Zauberer zwar auch beherrschen sollte, braucht man nicht gleich am Anfang einzuüben, denn sonst hat man an der Zauberei nicht die rechte Freude. Also erst richtige Tricks auswählen (nicht mehr als sechs für die ersten Wochen!) und üben, dann später einmal mit den Sondergriffen beginnen. Es gibt sogar gute Zauberer, die sich nie diese Sondergriffe angeeignet haben. Aber wenn man sie beherrscht, ist es fast jederzeit möglich, auch unvorbereitet zu zaubern, denn mit einem solchen Griff kann man viele Tricks vorführen.

Was man zur Vorführung benötigt

Man muß unterscheiden zwischen einer Vorführung am Tisch im kleinen Kreis und einer Vorführung in größerem Maßstab, zum Beispiel in einem Verein oder auf einer Bühne. Wird im kleinen Kreis gezaubert, also unmittelbar am Gästetisch, so wählt der Zauberer möglichst die Schmalseite eines Tisches, damit er seitlich keinen Nachbarn hat. Wenn auch der Nachbar meist nicht stört, so ist an diesem Platz doch die Übersicht für den Zauberer besser, und die Zuschauer können ihn gut sehen. Es ist auch zu empfehlen, daß der Zauberer an einem kleinen Tisch sitzt, da für alle Teilnehmer dann die Darbietung voll zur Wirkung kommt und der Zauberer die Utensilien für seine Tricks vorbereitet in der Reihenfolge der Darbietung auflegen kann. Vorteilhaft ist es, wenn der Zauberer ein größeres Seidentuch lose als Päckchen an die Vorderseite des Tisches legt, damit die Utensilien nicht gleich eingesehen werden können. An die Seite stellt man eine schöne Schachtel, in der die Utensilien der erledigten Tricks abgelegt werden können.

Bei einer größeren Vorführung im Vereinskreis versucht der Zauberer, einen etwas erhöhten Platz zu bekommen, ähnlich einem kleinen Podium, denn nur dann können alle Leute die Darbietung sehen. Ohne eine solche Erhöhung ist meist die ganze Zauberei zwecklos, da dann nur die vorderen Zuschauer etwas sehen können. Man bekommt ein kleines Podest, indem man einige Bretter über Bierkästen legt. Wer oft in Vereinen zaubert, stellt sich ein zusammenklappbares Podium her.

In einem kleinen Saal oder einem Gastraum wählt man meist eine Ecke des Raumes, damit alle Teilnehmer gute Sicht haben. Hier benötigt der Zauberer einen kleinen Tisch, auf dem er alles in der Reihenfolge der Vorführung bereitlegen kann. An der Seite des Tisches liegt das Vorführprogramm, auf das wir noch zu sprechen kommen. Die Zauberfirmen bieten die verschiedensten Arten von Klapptischen an, die aber oft sehr teuer sind. Empfehlenswert ist beispielsweise ein Projektionstisch aus dem Fotohandel. Dieser Tisch kann erweitert werden, indem man ein zweiteiliges (zusammenklappbares) dünnes Brett mit einer Schnur auf dem Projektionstisch befestigt. Diese Tische haben auf halber Höhe ein Ablagebrett. Darauf stellt der Zauberer einen dunkel beklebten breiten Pappbehälter, der als Ablage für die Utensilien der erledigten Tricks dient. Am besten befestigt man den Karton mit einem Gummiband.

Am Vorderrand des Tisches stellt man zweckmäßigerweise ein zusammenklappbares Kartengestell auf, das man im Bedarfsfall zum Ablegen von Tüchern benutzen kann, hinter dem man aber zugleich verdeckt die Utensilien für die Tricks bereitliegen hat. Es kann vorkommen, daß der Platz des Zauberers zu dunkel ist. Dann verwendet man als Scheinwerfer eine Schreibtischlampe mit einer 100-Watt-Glühbirne. Nur so ist die Darbietung wirkungsvoll. Der Zauberer muß sich aber vorab an den Schweinwerfer gewöhnen, weil er selbst die Zuschauer dann schlecht sehen kann.

Für die Tischzauberei gibt es auch sogenannte Servanten-Ablagen, die für den Zuschauer nicht sichtbar vor dem Zauberer an der Tischseite angeklemmt werden. In ihnen kann man unbemerkt Sachen verschwinden lassen. Auch sollten ein oder zwei Zauberstäbe griffbereit liegen. Zusätzlich hat der Zauberer einen kleinen Zauberstab in der Rocktasche.

Wie man die Tricks vorführt

Ausschlaggebend dafür, wie man seine Tricks vorführt, ist der Kreis, dem die Darbietung gilt. Es ist zum Beispiel schwierig, vor Kindern zu zaubern; das muß besonders erlernt werden, und es gibt selbst im Magischen Zirkel wenig Kinderzauberer. Kinder müssen mit einfachen Tricks überrascht werden; es müssen Tricks sein, bei denen sich äußerlich etwas verändert, erscheint, verschwindet, aber möglichst in größerem Maßstab. Man muß Tricks bringen, die nicht besonders zum Denken anregen. Überraschenderweise kommen Kinder oft schneller hinter die Lösung, als es bei Erwachsenen der Fall ist.

Im allgemeinen soll man die Tricks nicht schnell vorführen. Die langsame, ruhige und sichere Beherrschung eines Tricks wirkt besonders gut und überraschend, weil der Zuschauer stets der Meinung ist, es sei nur die Schnelligkeit, die hier besonders wirke. Man sagt, daß die Hand des Zauberers schneller sei als das Auge, aber das stimmt nicht, denn um das Auge zu täuschen, benötigt man 1/16 Sekunde. Die Tricks soll man nie nach Zeit üben, also schnell, dafür besser sauber und richtig. Die Schnelligkeit kommt allein, wenn man

den Trick richtig im Griff hat. Wichtig ist es, viel vor dem Spiegel zu üben.
Bei der Vorführung soll sich der Zauberer mit seinen Blicken auf das Publikum konzentrieren, also nicht laufend auf seine Hände oder auf die Zaubergegenstände sehen. Dazu muß er den Trick natürlich vollkommen beherrschen. Es gibt Zauberer, die nur stumm arbeiten mit musikalischer Untermalung, und andere, die einen Vortrag halten. Dabei muß man erproben, ob die lockere, lustige Art besser wirkt, oder die seriöse. Es kommt auch darauf an, wie man veranlagt ist. Auf keinen Fall soll man protzen oder angeben, sondern recht deutlich und langsam sprechen. Man darf auch niemals den Zuschauer so ansprechen, daß es lächerlich wirkt. Wird jemand zur Mithilfe aufgefordert, und wenn er auch nur einfach eine Karte ziehen soll, wird der Zauberer dies stets in netter, ruhiger Weise erbitten. Man bedankt sich ausdrücklich für jede Mitwirkung. Das gilt auch besonders bei der Tischzauberei. Arbeitet der Zauberer mit musikalischer Untermalung, beispielsweise in Vereinen oder auf der Bühne, so ist möglichst keine laute und schrille Musik zu wählen. Man verwendet zumeist Tonband oder Kassette, damit man stets die gleiche Musik zur Hand hat. Wenn ein Trick zu Ende ist, verneigt sich der Zauberer ungezwungen. Am Applaus kann er seinen Erfolg feststellen.
Es ist selbstverständlich, daß der Zauberer bei der Vorführung grundsätzlich nicht sagt, was jetzt kommt, also etwa: „Ich lasse die Karte verschwinden“ oder ähnliches, sondern der Zuschauer soll das selbst sehen. Also keine Voraussage machen! Wenn bei der Tischzauberei jemand dauernd dazwischenredet und stört, kann der Zauberer in netter Form eingreifen, etwa, indem er sagt: „Ja, wenn man im Varieté ist, bezahlt man Eintritt und ist ganz still. Hier kostet es nichts, und man will auch noch mitreden und wissen, wie es geht. „Lenken Sie stets das Interesse des Zuschauers, dann haben Sie auch bald die volle Aufmerksamkeit.
Sehr wichtig ist der erste – gute – Kontakt zum Zuschauer. Die Eröffnung kann beispielsweise mit folgenden Worten vor sich gehen: „Ich darf darauf hinweisen, daß ich kein Berufszauberer bin, ich bin Amateur, und ... Deutschlands größter und bekanntester, nein, sogar Europas bester Zauberer“ (hier bewußt eine Pause machen) „... war Kalanag, und der sagte mir, daß nur mit großer Übung Zauberei gut ankommt, und das sollen Sie jetzt einmal selbst beurteilen!“ Das gibt gleich einen kleinen Lacherfolg.

Wie der Zauberer persönlich wirken soll

„Ein Zauberer ist ein Schauspieler, der einen Magier darstellt“, sagte der berühmte Zauberkünstler Robert Houdin. Natürlich ist nicht jeder Mensch ein guter Schauspieler. Aber wenn der Zauberer seine Tricks richtig beherrscht, kann er sich neben seiner Darstellung auch dem Zuschauer widmen und ihn „bezaubern“. Der Zuschauer hat trotz des Überraschungseffektes, dem er unterliegt, ein feines Gefühl dafür, ob der Zauberer seine Darstellung ganz sicher beherrscht. Das gilt natürlich erst recht bei Vorführungen in einem kleinen Kreis, wo sich der Amateurzauberer zumeist bewegt. Wenn der Zauberer seine Gedanken nicht zu sehr auf seine Darbietung richten muß, wird er das Publikum mit Blicken zusätzlich ansprechen, also weniger auf seine Hände, Geräte und dergleichen achten. Eine makellose Darbietung hat etwas Bezauberndes. Nur so kann der Zauberer sicher sein, daß er auch als Persönlichkeit auf die Zuschauer wirkt. Daß der Zauberer bei einer Vorstellung besonders gut gekleidet sein sollte, ist wohl selbstverständlich. Dabei muß es durchaus nicht unbedingt der dunkle Anzug sein!

Wie das Programm zu gestalten ist

Man konzentriert sich zunächst auf ein kleines Programm. Der große Zaubermeister David Devant aus England beherrschte nur acht Tricks, aber er rühmte sich, damit eine vollendete Vorstellung zu geben. Es genügt also, wenige Tricks zu zeigen, aber diese formvollendet, das heißt, ohne daß sie dem Zauberer Schwierigkeiten bereiten oder besondere Anstrengung kosten. Er muß die Tricks wie „im Schlaf" beherrschen. Außerdem braucht man ein Vorführprogramm, also einen Plan, den man unauffällig auf dem Tisch liegen hat. Darauf ist die Reihenfolge der Tricks in großen Druckbuchstaben geschrieben, oder, noch besser, durch Symbole angedeutet, so daß man während der Vorstellung nicht „denken" muß. Man muß sich entscheiden, ob man Fingerfertigkeitstricks, Tricks mit Apparaten oder beides bringen will. Das ist allein eine Sache des Geschmacks. Mann kann es nicht oft genug sagen: Wenn ein Trick noch so wunderbar und wirkungsvoll ist, einem aber nicht liegt, also zu viel Schwierigkeiten bei der Vorführung bereitet, dann soll man ihn weglassen. Man bringt zu Beginn der Vorführung am besten einen guten Trick, dann einen etwas weniger anspruchsvollen. Nach einer Steigerung der Darbietung bildet der beste Trick dann den Schluß.

Das Programm soll, wie gesagt, nicht zu umfangreich sein. Für eine Tischzauberei genügen fünfzehn Minuten. Erst nach einer Stunde kann man nochmals ein bis zwei Tricks bringen. Bei einer Feier oder sonstigen Veranstaltungen, bei der die Zauberei offiziell vorgesehen und angekündigt ist, kann man die Vorstellung auf zwanzig Minuten ausdehnen. Bei Vereinsvorführungen gibt man natürlich ein kleines, offizielles Programm von etwa einer halben Stunde. Wirkungsvoll ist es, wenn in der ersten Viertelstunde der Zauberer eine stumme Vorführung mit Musik bringt und in der zweiten Tricks, zu denen er spricht. Der beste Trick kommt auch hier wieder zum Schluß.

Wenn das Programm festliegt, muß man es sich vor der Vorführung wiederholt daheim selbst vorspielen, bis alles reibungslos klappt. Dieses Standardprogramm hält man in unveränderter Form immer bereit, das heißt, es wird nichts daran ergänzt. Es ist das feste Programm, für das man auch die nötigen Utensilien stets in einem Koffer parat hat. Der Berufszauberer erreicht Erfolg und Fertigkeit nur dadurch, daß er jahrelang unverändert ein und dasselbe Programm hat.

Die wichtigsten Handgriffe und Hilfsmittel

Kein Zauberer kommt ohne eine Reihe grundsätzlicher Handgriffe und diverser Hilfsmittel aus. Die wichtigsten sind hier kurz vorweg beschrieben. Weitergehende Bewegungsfolgen und Requisiten werden bei den einzelnen Tricks genau geschildert.

Einfache Palmage

Die Palmage ist ein Griff, den jeder Zauberer laufend – besonders vor dem Spiegel – üben muß. Dabei wird ein nicht zu großer Gegenstand, etwa ein kleiner Ball oder eine Münze, in der Handfläche so versteckt, daß die Hand den Zuschauern leer erscheint. Auf diese Weise kann man den jeweiligen Gegenstand plötzlich verschwinden und kurz darauf an anderer Stelle wieder auftauchen lassen.

Palmieren einer Münze

Der Zauberer nimmt eine Münze gut sichtbar für den Zuschauer zwischen zwei Finger der linken Hand (Abb. 1). Die rechte Hand führt er so an die Münze heran, daß der Daumen unter der Münze liegt, die anderen Finger dagegen geschlossen über der Münze erscheinen. Dabei macht der Zauberer eine etwas drehende Bewegung, als nehme er das Geldstück in die

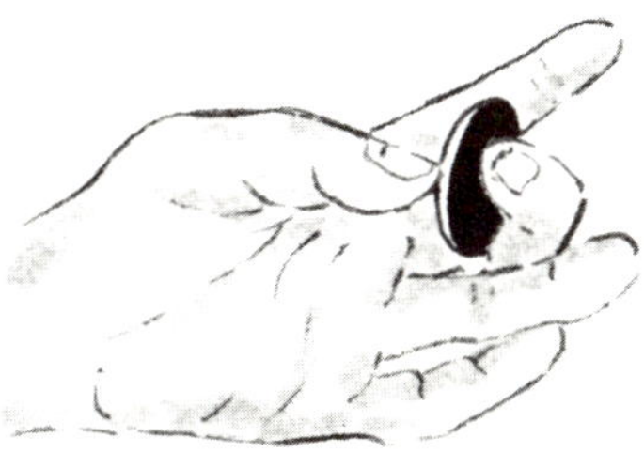

1

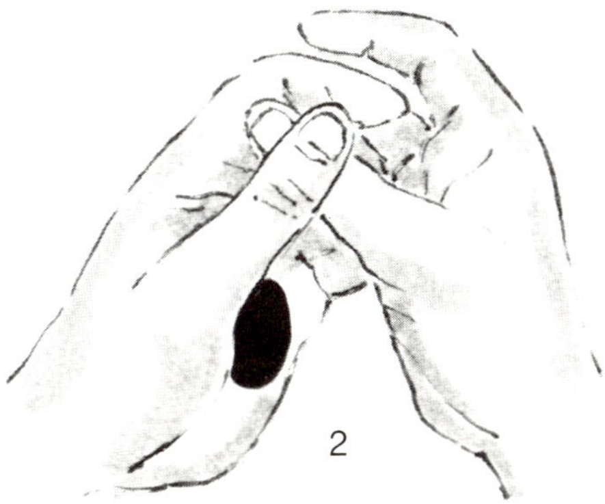

2

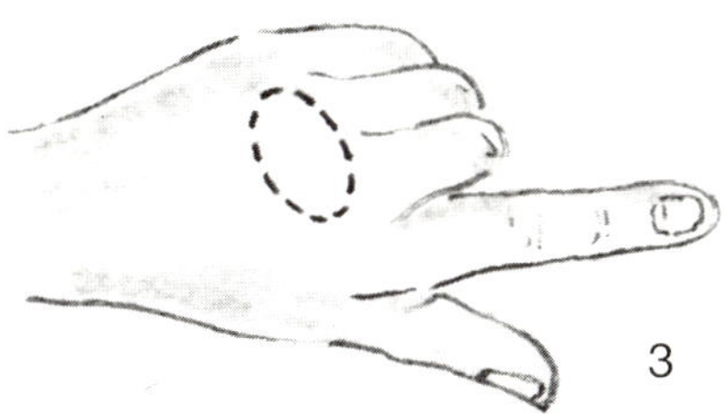

3

Palmieren einer Münze

geschlossene rechte Hand. Unauffällig läßt er die Münze jedoch in das Innere der linken Hand fallen (Abb. 2, S. 19). Die rechte Hand wird daraufhin zur Faust geballt, als sei das Geldstück darin. Nun die linke Hand zur Faust ballen, in der ja das Geldstück liegt, dabei Daumen und Zeigefinger ausstrecken und auf die rechte Hand zeigen (Abb. 3, S. 19). Der Zuschauer soll dahin sehen, wo angeblich das Geldstück ist.
Nun streckt der Zauberer seinen rechten Arm zur Seite, öffnet langsam die Faust und zeigt sie leer vor. Die linke Hand führt er unter den rechten Arm. Jetzt bringt er die Münze langsam zum Vorschein, falls er sie nicht an einer anderen Stelle erscheinen lassen will.

Palmieren eines Balles

Der Zauberer hält den Ball zwischen den Spitzen des Daumens und des Mittelfingers der rechten Hand (Abb. 1). Dann legt er ihn scheinbar in die geöffnete linke Hand, die er sofort schließt. In Wirklichkeit zieht der Zauberer den Ball jedoch in die rechte hohle Hand zurück, wo er ihn von den Zuschauern unbemerkt festhält, um ihn später wieder auftauchen zu lassen (Abb. 2).

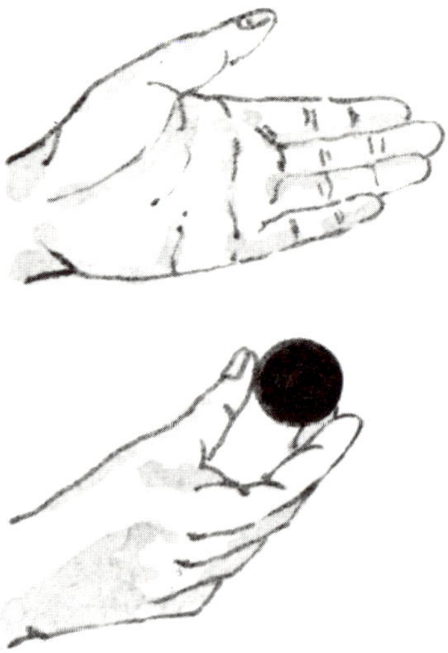

1

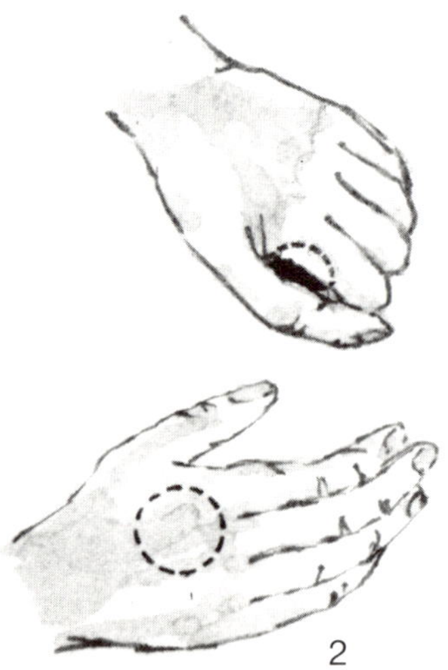

2

Palmieren eines Balles

Austauschpalmage

Die Austauschpalmage dient dazu, beide Hände auch dann nacheinander leer zeigen zu können, wenn man in einer Hand einen Gegenstand palmiert.

Angenommen, der Zauberer palmiert einen Ball in der rechten Hand, so spielt sich die Austauschpalmage folgendermaßen ab: Der Zauberer wendet dem Publikum seine rechte Seite zu. Nun legt er die Fingerspitzen der rechten Hand auf die Handfläche der linken, wobei er sagt: „Hier ist nichts!“ (Abb. 1). Dann bewegt er die rechte Hand den Fingerspitzen der linken Hand zu, und zwar so, daß die beiden Handflächen übereinander hinweggleiten. Diesen Moment nützt der Zauberer, um den Ball aus der rechten Handfläche in die linke zu bringen. Während dieses Vorganges dreht er sich nach rechts um, so daß er nach erfolgtem Austausch der Bälle dem Publikum nun seine linke Seite zeigt. Mit den Worten: „Hier ist auch nichts!“ zeigt der Zauberer, daß auch die rechte Hand leer ist (Abb. 2). Erst jetzt läßt er den Gegenstand auf irgendeine Weise wieder erscheinen.

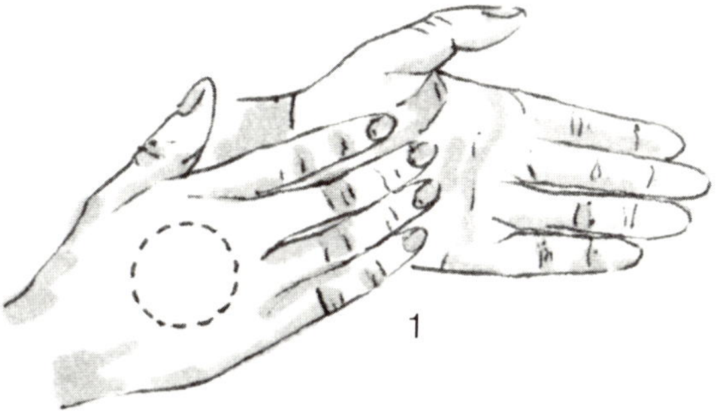

1

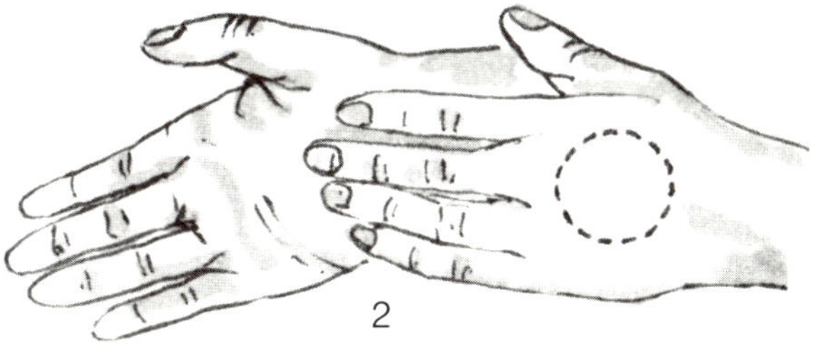

2

Austauschpalmage

Wanderung

Nachdem der Zauberer mit einem Ball verschiedene Bewegungen ausgeführt hat, palmiert er ihn in der rechten Hand. Jetzt schiebt er die rechte Hand vor die linke (Abb. 1 zeigt die Handstellung vom Zauberer her gesehen). Dabei krümmt er die Fingerspitzen der rechten Hand und schiebt die rechte Hand in Pfeilrichtung zur linken Handwurzel, wobei er den Ball zwischen den Händen so weit rollt, bis die Hände eine Stellung einnehmen, die dem Zauberer das Vorzeigen beider Handflächen gestattet (Abb. 2, 1). Dann geht der Zauberer mit der rechten Hand in Pfeilrichtung zur alten Stellung zurück (Abb. 2, 2). Nun läßt der Zauberer den Ball auf irgendeine Weise erscheinen.

Einen Gegenstand durch Palmage verschwinden lassen

Hier drei weitere Beispiele, wie man einen kleinen Gegenstand durch Palmage verschwinden lassen kann. Da man derartige Kunststücke hauptsächlich mit Münzen ausführt, wurden die folgenden Beschreibungen auch auf Münzen bezogen. Doch kann man sie ebensogut mit Kugeln, kleinen Bällen und ähnlichem ausführen.

I. Der Zauberer legt eine Münze in die hohle rechte Hand (Abb. 1), schließt diese (Abb. 2) und reibt die Münze scheinbar mit den Fingern, wobei er dem Zuschauer die Innenseite der Hand zuwendet. Während des Reibens drückt er die Münze zwischen Zeige- und Mittelfinger hindurch und hält sie

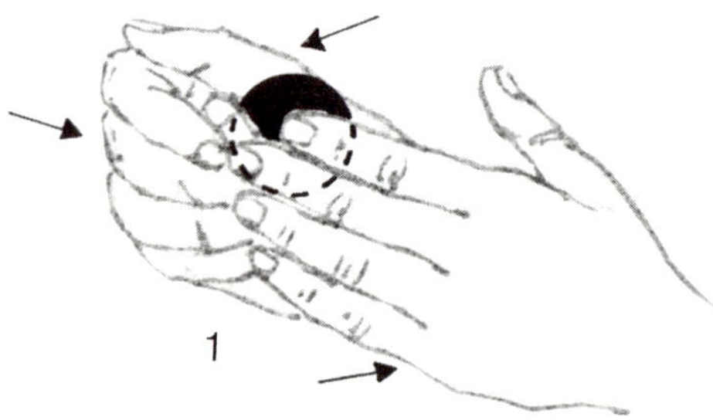

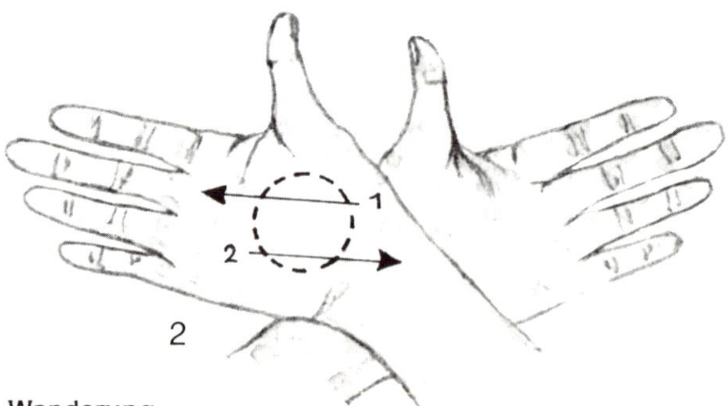

Wanderung

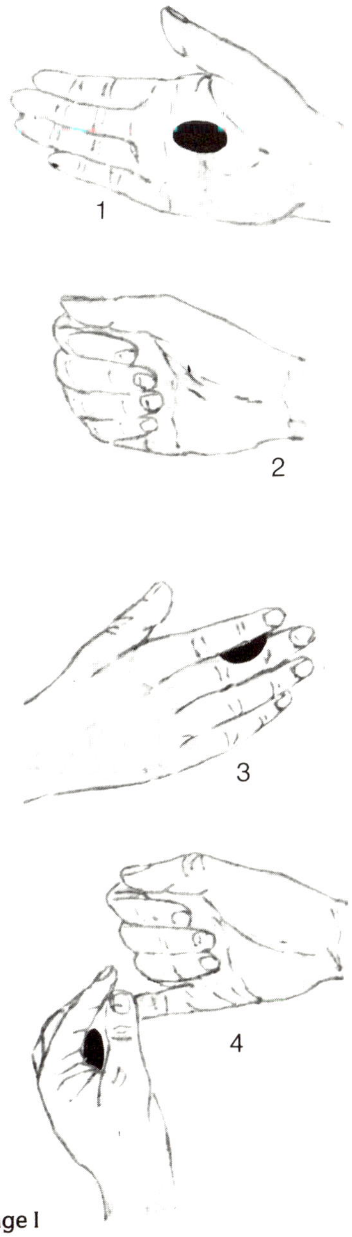

Palmage I

dort fest (Abb. 3). Öffnet er nun die Hand, so werden die Zuschauer sehen, daß sie leer ist. Natürlich darf der Zauberer nur die Handfläche zeigen. Durch eine rotierende Bewegung mit der rechten Hand kann der Zauberer die Münze sehr leicht zwischen die Fingerspitzen bringen und dann scheinbar vom Ohr irgendeines Zuschauers wegnehmen. Um aber die Hand später von beiden Seiten leer zeigen zu können, läßt er sie, nachdem er das Geldstück zwischen den Fingern festgeklemmt hat, geschlossen und öffnet sie mit der anderen Hand, indem er mit dem Daumen derselben zuerst den kleinen Finger umbiegt und so fort. Die andere Handfläche befindet sich dann unter der Münze, und man kann diese in die Hand fallen lassen (Abb. 4); die Vorführung ist hier laut Zeichnung mit der linken Hand ausgeführt. Die Hand kann nun leer gezeigt werden.

II. Der Zauberer legt einen mit der rechten Hand gehaltenen Gegenstand scheinbar in die linke Hand, verbirgt ihn aber in Wirklichkeit vor den Augen der Zuschauer in der rechten Hand. Diese Art der Palmage wird angewandt, wenn man beabsichtigt, einen Gegenstand auf bequeme Weise verschwinden zu lassen. Der Zauberer zeigt die Münze mit der rechten Hand dem Publikum, faßt sie dann wie auf Abb. 1 und legt sie scheinbar in die linke Hand, die er sogleich schließt. In Wirklichkeit hat er das Geldstück aber in der rechten Hand behalten (Abb. 2) und hält es da mit dem Daumenmuskel – der sogenannten „Maus" – fest (Abb. 3). Die Zuschauer sind der Meinung, das Geldstück befindet sich in der linken Hand, und sie werden darin noch bestärkt, indem der Zauberer mit den Fingern der rechten Hand auf die linke deutet, sie vielleicht auch leicht berührt – kurz so verfährt, als ob die rechte Hand leer sein. Während der Zauberer nun mit dieser Hand den Zauberstab aus der Tasche nimmt, benutzt er die Gelegenheit, die Münze in dieselbe fallen zu lassen. Beabsichtigt er dagegen, das Geldstück an irgendeinem Ort wieder zum Vorschein zu bringen, so behält er es in der Hand, was nun um so

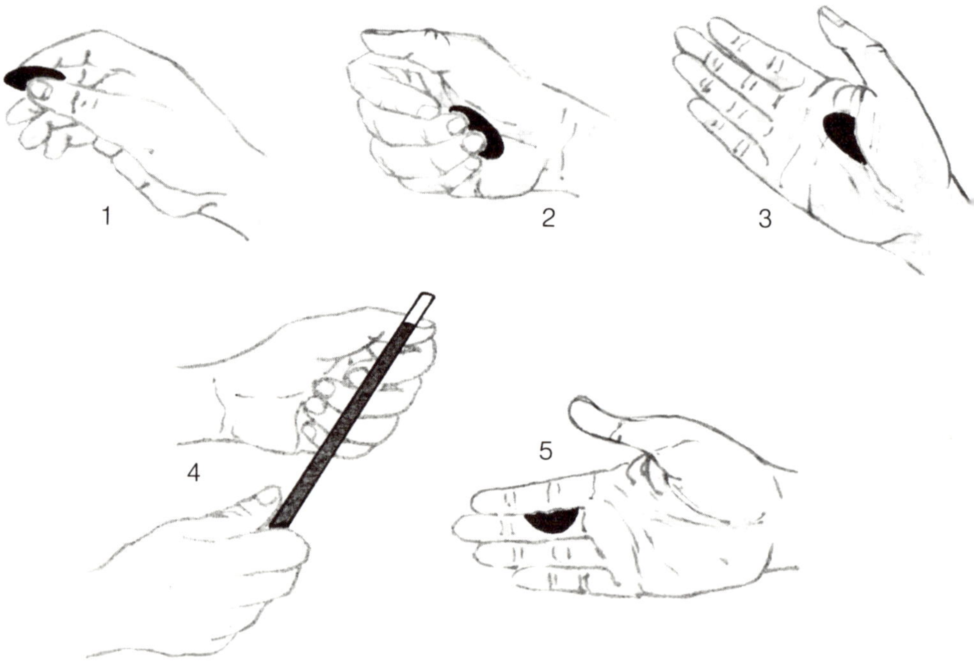

Palmage II

leichter ist, da er den Zauberstab in derselben hält. Hat der Zauberer nun die linke Hand mit dem Stab bestrichen (Abb. 4) oder sonstige zauberische Bewegungen mit ihm ausgeführt, so zeigt er, daß diese Hand leer ist. Abschließend holt er scheinbar die Münze mit der rechten Hand von einem anderen Ort her.

Anstatt das Geldstück mit der „Maus“ festzuhalten, kann es der Zauberer auch auf das unterste Glied des Mittel- oder Ringfingers legen und hier durch Krümmung des betreffenden Fingers festhalten (Abb. 5). Oder er faßt es anfangs wie auf Abb. 6, legt es dann aber nicht in die hohle Hand, sondern zwischen Daumen und Zeigefinger (Abb. 7) und hält es mit dem Daumenglied fest (Abb. 8). Noch eine Möglichkeit: Der Zauberer legt die Münze auf die beiden mittleren Finger, biegt den kleinen und den Zeigefinger ein wenig nach innen und hält sie auf diese Weise fest (Abb. 9).

In jedem Fall muß der Zauberer eine Art, die Münze zu verbergen, so einstudieren, daß die rechte Hand in keiner Weise gehindert ist und, obgleich sie die Münze birgt, eine ganz unverdächtige Haltung einnehmen kann.

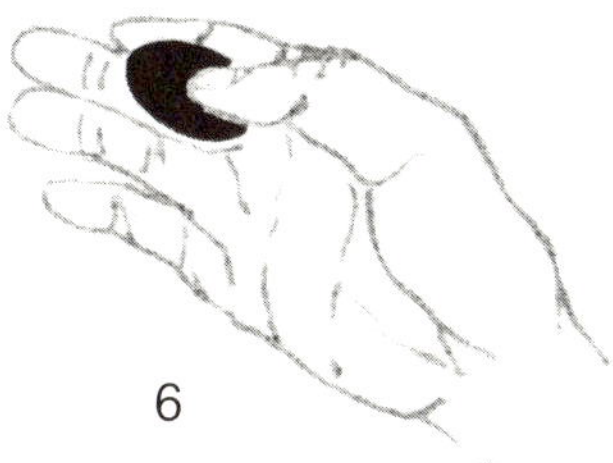

6

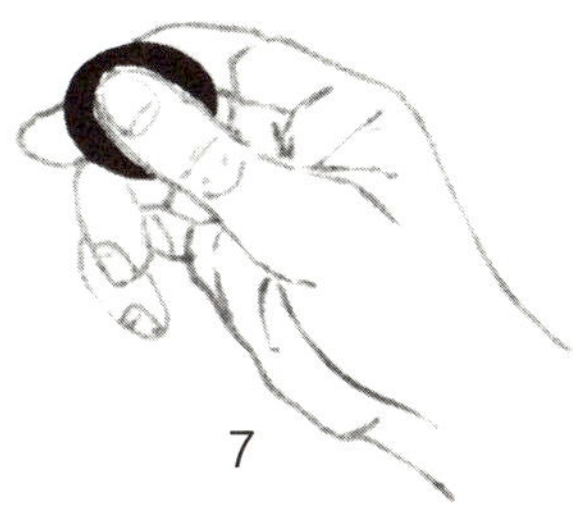

7

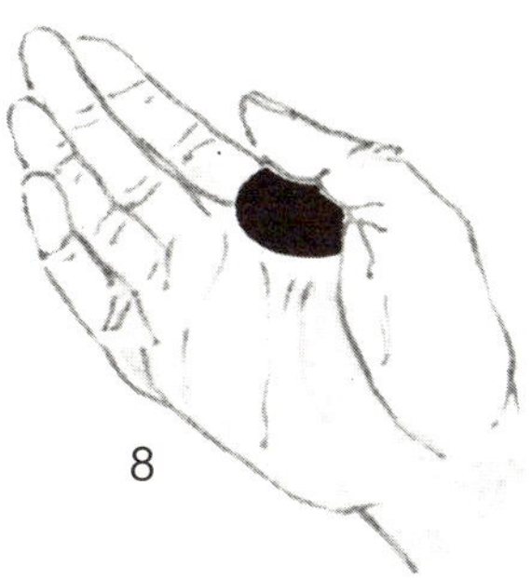

8

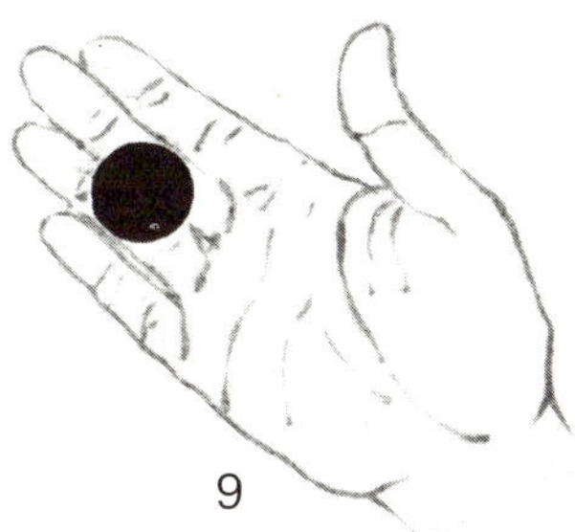

9

III. Eine andere Art, eine Münze verschwinden zu lassen, nachdem man sie palmiert hat (siehe bei II), ist diese: Der Zauberer schließt die linke Hand nicht, sondern reibt, sowie er die Münze scheinbar ergriffen hat, beide Hände gegeneinander (Abb. 1), wobei er das Geldstück mit der rechten Hand wie bei II, Abb. 9, hält. Er zerreibt dann scheinbar die Münze.

Will man sich das Palmieren erleichtern, so legt man das Geldstück nicht scheinbar in die andere Hand, sondern greift mit ihr über die Münze (Abb. 2), als wolle man diese erfassen. Dabei läßt man das Geldstück in die Hand, in der man es hält, zurückfallen (Abb. 3; das Geldstück befindet sich hier laut Zeichnung anfangs in der linken Hand). Das angebliche Erfassen mit der Hand kann auch geschehen, indem man mit dem Daumen unter der Münze, die wie auf Abb. 4 gehalten wird, durchgreift (Abb. 5). Die Täuschung des Publikums wird dadurch bedeutend verstärkt, und das Geldstück fällt viel sicherer in die Handfläche. (Auch hier wurde das Geldstück laut Zeichnung anfangs in der linken Hand gehalten.)

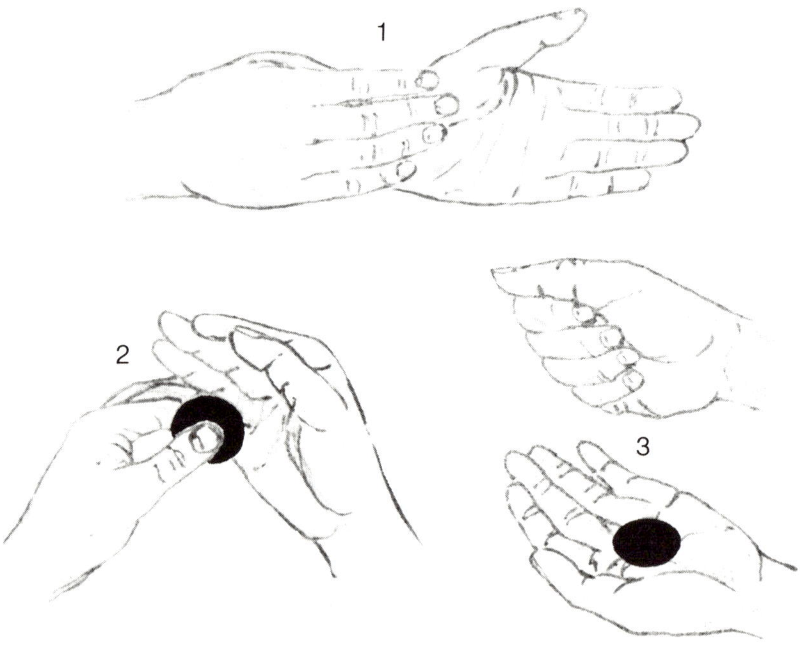

Palmage III

Durchfalleskamotage

Ein ähnlicher Trick wie die bisher beschriebenen Handgriffe ist die Durchfalleskamotage. Der Zauberer zeigt einen Ball vor und legt ihn auf die linke Faust, mit dem Handrücken zu den Zuschauern. Dabei öffnet er langsam und unauffällig schon etwas die Faust. Mit der rechten, offenen Hand – der Handrücken ist wieder zu den Zuschauern gerichtet – greift er nun scheinbar zum Ball. In diesem Augenblick läßt er diesen in die nun ganz geöffnete linke Faust fallen. Die rechte Hand macht eine Bewegung, als habe sie den Ball ergriffen; dabei ist er schon in der linken Faust.

Die geschlossene rechte Hand (es soll so aussehen, als sei der Ball darin) führt der Zauberer nun mit dem Handrücken zu den Zuschauern ganz nach rechts heraus, er streckt also den rechten Arm zur Seite. Die linke Hand mit dem palmierten Ball, ebenfalls wieder mit dem Handrücken zu den Zuschauern, streckt den Zeigefinger in Richtung zur rechten Hand aus. Jetzt öffnet der Zauberer die rechte Hand und dreht sie um: Der Ball ist weg. Zugleich führt er die linke Hand hinter die offene, rechte Hand und läßt den Ball nun langsam durch drehende Bewegungen der linken Hand unter der rechten Hand erscheinen.

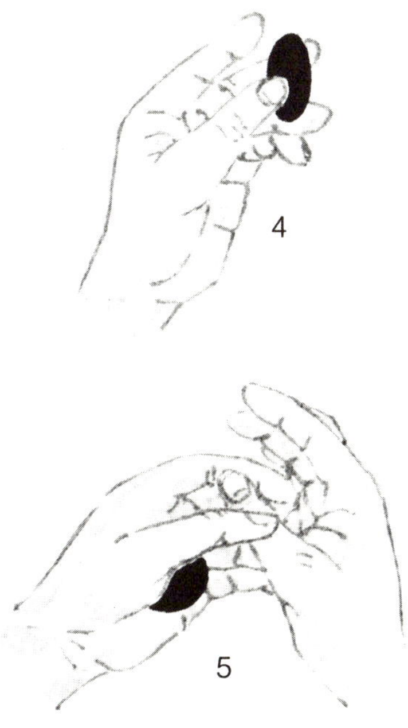

Palmage III

Durchfalleskamotage

Servante und Falloch

Zwei weitere Möglichkeiten, einen Gegenstand verschwinden zu lassen, bieten die Servante und das Falloch. Bei ersterer handelt es sich um eine längliche, winkelig geformte Ablage, die am Tischende, auf der Seite, auf der der Zauberer steht, festgeklemmt wird. In ihr kann der Zauberer Gegenstände ablegen, genausogut ist es aber möglich, einen vorher dort versteckten Gegenstand daraus „hervorzuzaubern". Servanten gibt es im Zauberfachgeschäft zu kaufen, wenn man sie nicht selbst bauen will, etwa aus einem breiten Blechstreifen.

Im Fachhandel bekommt man auch Tische mit Falloch. Sie haben in der Tischplatte ein kreisrundes Loch und darunter eine Ablage, so daß der Zauberer unbemerkt Gegenstände verschwinden oder erscheinen lassen kann. Der Tisch muß so hoch stehen, daß die Zuschauer das Loch nicht bemerken. Der Zauberer kann auch irgendeinen Gegenstand davor legen. Auf der Vorderseite wird die Ablage unter der Tischplatte durch einen Vorhang kaschiert.

Tischdeckenablage

Ein Zauberer muß plötzlich oft irgendwelche Gegenstände verschwinden lassen, die er in der Hand verborgen hält. Zu diesem Zweck kann er sich rasch eine Tischdeckenablage anfertigen. Mit zwei Wäscheklammern bildet er einfach eine sackartige Ablage in der Tischdecke. Um das Ablegen zu kaschieren, greift er zum Zauberstab, der auf dem Tisch liegt. Dabei läßt er den in der Hand verborgenen Gegenstand in die Ablage fallen.

Einen Gegenstand erscheinen lassen

Der Zauberer läßt auf irgendeine Art beispielsweise einen kleinen Ball verschwinden. Mittels Austauschpalmage bringt er ihn in die vorher leer gezeigte linke Hand (Abb. 1), die er zu einer Faust schließt. Langsam läßt er den Ball nun aus der Faust emporsteigen (Abb. 2 und 3). Dieser effektvolle Trick ist sehr einfach in der Ausführung, braucht doch der Zauberer den Ball nur mit Hilfe des Daumens aus der Faust herauszuschieben (Abb. 4).

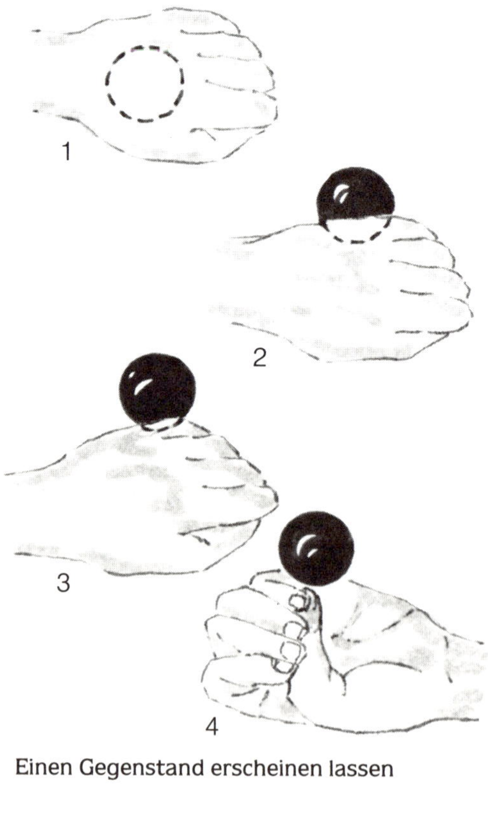

Einen Gegenstand erscheinen lassen

Verschwindungskästchen

Ein sehr nützlicher Gegenstand, der benötigt wird, um Spielkarten, Geldscheine, Schriftstücke und ähnliches verschwinden oder erscheinen zu lassen (keine Münzen und dergleichen, da diese klappern), ist das Verschwindungskästchen. Der Trick liegt in der Schachtel: Sie ist innen schwarz gefärbt. Im Schachteldeckel liegt ein Stück Pappe, das ebenfalls schwarz ist und genauso groß wie die Deckelinnenseite. Diese Pappeinlage muß so zugeschnitten sein, daß sie zwar knapp an der Innenseite des Deckels anliegt, sich aber beim Schließen der Schachtel sofort löst und auf den Schachtelboden herabfällt. Indem der Zauberer beim Vorführen dreimal mit dem Zauberstab auf die Schachtel klopft, sorgt er dafür, daß die Pappeinlage wirklich herunterfällt.

Alles weitere ist klar. Die Schachtel steht zu Beginn der Vorführung offen. Die Pappeinlage liegt im Deckel. Dahinter befinden sich beispielsweise zwei Fünfmarkscheine. Nun läßt sich der Zauberer einen Zehnmarkschein geben. Dieser wird in die Schachtel gelegt, worauf der Zauberer den Deckel rasch zuklappt – die Pappeinlage fällt. Beim Öffnen der Schachtel sind dann zum Erstaunen der Zuschauer auf der schwarzen Pappeinlage statt des Zehnmarkscheines die beiden Fünfmarkscheine zu sehen.

Verschwindungskästchen

Verschwindungstüte

Die Verschwindungstüte kann ebenfalls für viele Zauberzwecke genutzt werden. Man nimmt einen Bogen einer Illustrierten. Auf die rechte Seite des Bogens klebt man eine Duplikatseite, und zwar so, daß dadurch eine Tasche entsteht, die über die ganze Seite geht und oben offen ist (Abb. 1a). Die punktierten Linien zeigen die Klebestellen an.

So auseinandergefaltet zeigt der Zauberer den Bogen beiderseits vor. Dann legt er ihn zusammen: zuerst die linke auf die rechte Seite (Abb. 2), und dann die untere auf die obere Hälfte (Abb. 3). Es entstehen so zwei Taschen (Abb. 4 a und b). In Tasche a kann der Zauberer jetzt Tücher oder ähnliches stecken, die beim Aufklappen der Illustrierten dann verschwunden sind. Ebenso kann er sie dann wieder erscheinen lassen.

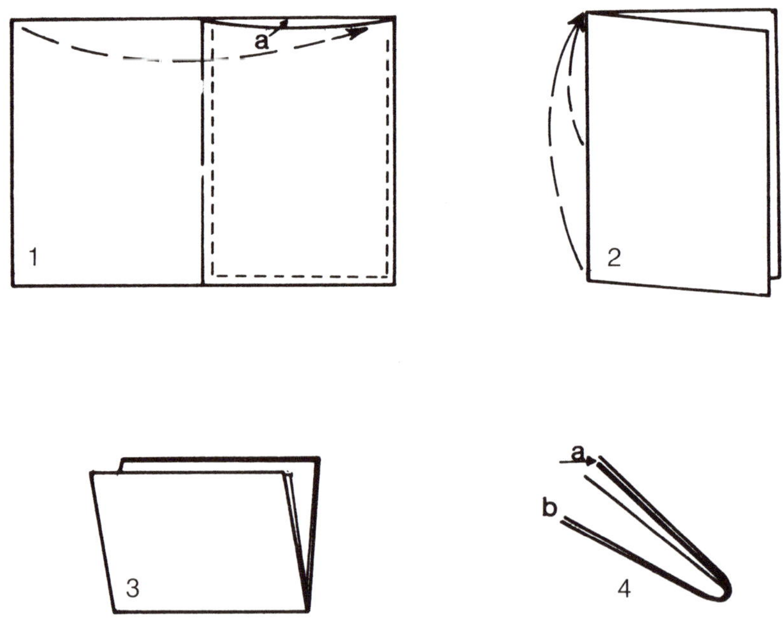

Verschwindungstüte

Glasattrappe

Mit der Glasattrappe kann der Zauberer ein Glas verschwinden lassen. Sie besteht aus einer runden Blechplatte, an der acht Drahtbügel, die sich sehr leicht herunterklappen lassen, angebracht sind (Abb. 1). Die Drahtbügel können entweder mit dünnem Draht oder Heftgarn an der Platte befestigt sein. (Scharniere sind für diesen Zweck zu steif.)

Dieses Gestell ist in einem Doppeltuch eingenäht, was die Zuschauer aber nicht sehen können. Das Glas wird mit diesem Tuch bedeckt. Dabei läßt der Zauberer das Glas unbemerkt verschwinden, etwa in einem Tisch mit Falloch oder in einer Tischdeckenablage. Er nimmt das Tuch nun auf, indem er von oben die Platte ergreift. Die Drahtbügel klappen selbständig herunter (Abb. 2). Der Zauberer dreht das Tuch unterhalb des Gestelles zusammen (Abb. 3). Die Zuschauer erliegen so der Täuschung, daß sich das Glas tatsächlich noch im Tuch befindet. Jetzt wird das Tuch mit einem Ruck weggezogen: Das Glas ist verschwunden.

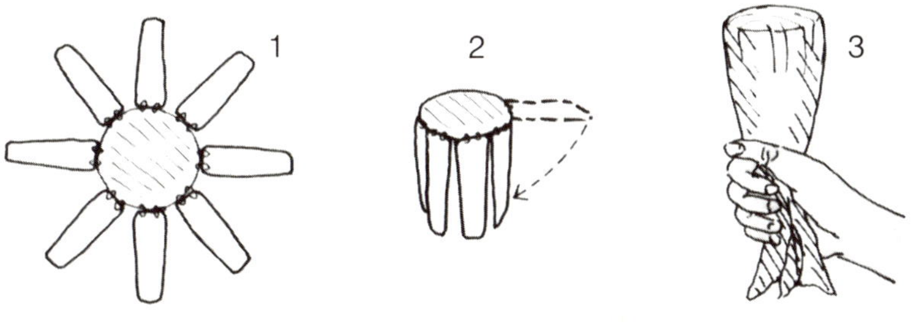

Glasattrappe

Zaubereien für Kinder

Die folgenden Zaubertricks sind besonders für Kinder zwischen acht und zwölf Jahren geeignet. Sie sind leicht zu erlernen und mit einfachen Mitteln wirkungsvoll vorzuführen. Eine gute Idee für den Kindergeburtstag!

Schwebender Zauberstab x

Material:
Ein Zauberstab

Vorführung:
Der Zauberer legt den Zauberstab auf den Tisch. Mit der linken Hand unfaßt er das rechte Handgelenk (Abb. 1) mit der Bemerkung: „Ich umfasse mein Handgelenk kräftig, um auf diese Weise magnetische Ströme zu erzeugen." Dann dreht er die rechte Hand um, so daß das Innere der Hand nach oben zeigt. „Bitte legen Sie den Zauberstab in meine rechte Hand", bittet er einen Zuschauer. Nun dreht er in einem etwas größeren Bogen die Hand mit dem Zauberstab um, so daß nur der nach oben zeigende Handrücken zu sehen ist. Der Zauberstab schwebt an der Hand (Abb 3).

Lösung:
Während dieser Drehbewegung legt der Zauberer unauffällig den Zeigefinger der linken Hand auf den Zauberstab (Abb. 2), so daß der Stab „schweben" kann (Abb. 3). Dann läßt er den Zauberstab auf den Tisch fallen. Dabei zieht er den Zeigefinger in die Ausgangsstellung zurück.

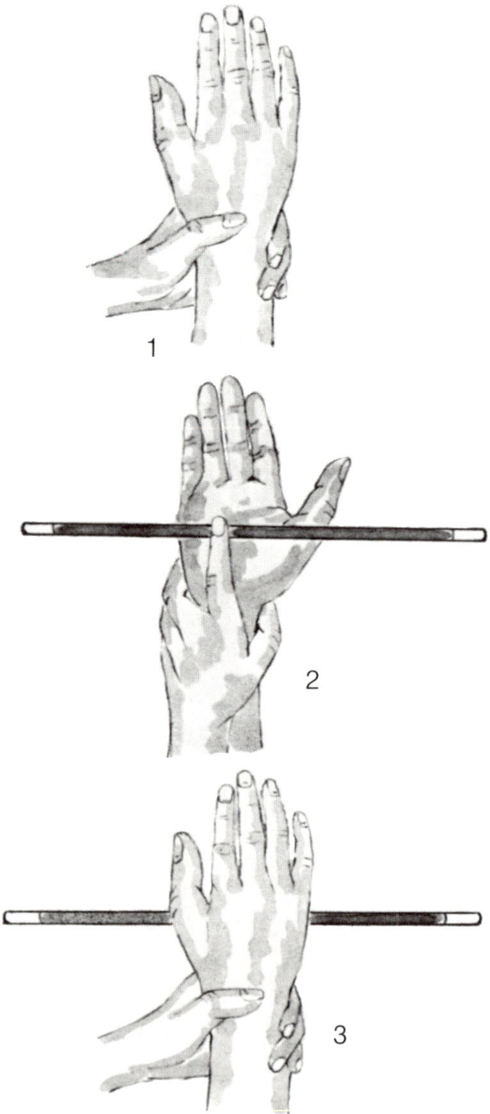

Schwebender Zauberstab

Zauberstab erscheint x

Material:
Ein Zauberstab, eine kleine, alte Geldbörse.

Vorführung:
Der Zauberer zeigt seine beiden Handrücken den Zuschauern. Dann klatscht er in die Hände und läßt aus der linken Hand einen Zauberstab erscheinen.
Oder: Er nimmt eine kleine Geldbörse, öffnet sie und zieht den langen Zauberstab daraus hervor.

Lösung:
Der Zauberstab ist am linken Arm versteckt und wird durch die Armbanduhr festgehalten (Abb. 1). Nach dem Klatschen zieht ihn der Zauberer langsam hervor.
Bei der zweiten Möglichkeit hat der Zauberer noch eine Geldbörse in der Hand, die unten einen Einschnitt hat, durch den der Zauberstab außerdem noch gesteckt wird (Abb. 2).

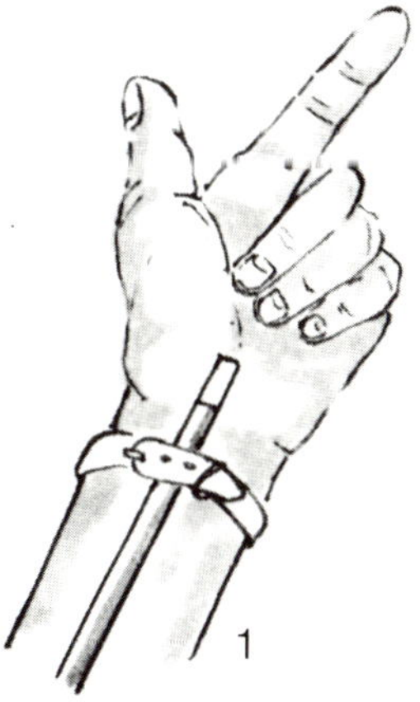

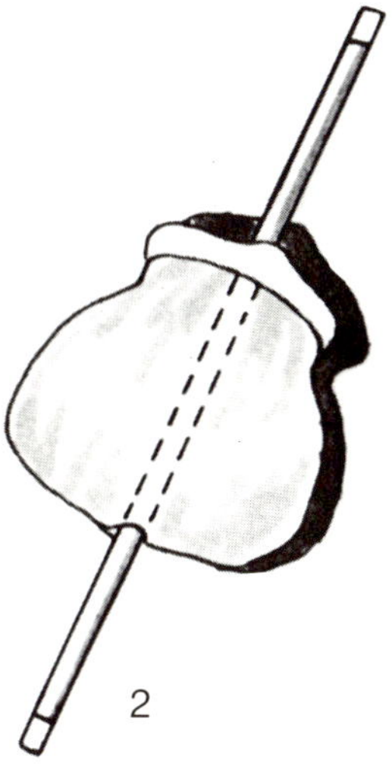

Zauberstab erscheint

Der unversehrte Becher x

Material:
Zwei Pappbecher, ein Hut, eine Papiertüte, Wasser.

Vorführung:
Der Zuschauer stellt einen Pappbecher auf den Tisch und gießt Wasser hinein. Weil der Becher zu voll ist, schüttet er ein wenig wieder zurück. Jeder sieht dabei, daß der Becher gefüllt ist. Vorsichtig, damit nichts überschwappt, wird dieser Becher jetzt in einen Hut gestellt, den das Publikum vorher prüfen durfte.

Der unversehrte Becher

Dann holt der Zauberer den Becher wieder aus dem Hut heraus und stellt ihn ganz vorsichtig in eine Tüte. Er pustet ein paarmal in die Tüte, läßt den Zauberstab darüber kreisen, packt sie plötzlich und knüllt sie, mit dem gefüllten Becher darin, so zusammen, daß er sie mühelos in die Tasche schieben kann.
Doch nun zieht der Zauberer mit dem Zauberstab Kreise über dem Hut – und nimmt den Becher unversehrt und gefüllt wie am Anfang heraus.

Lösung:
In den Pappbecher hat der Zauberer einen zweiten geschoben, der keinen Boden mehr hat. Am besten schneidet man auch einen schmalen Streifen vom unteren Rand ab, damit dieser Becher aus dem anderen bestimmt nicht herausragt.
Wenn der Zauberer den Becher aus dem Hut nimmt, greift er nur nach diesem Einsatz ohne Boden. Natürlich muß er ihn so in der Hand halten, daß kein Zuschauer das Loch unten entdeckt. Dieser bodenlose Becher kommt in die Tüte und wird mit ihr zerknüllt. Der wirklich gefüllte Becher steht nach wie vor im Hut. Es darf aber niemand von oben in den Hut schauen können, und keiner darf die zerknüllte Tüte nach dem Kunststück sehen. Die Pappbecher müssen weiß oder noch besser einfarbig gefärbt sein und eine glatte, gewachste Oberfläche haben. Den Wulst am Rand kann man abschneiden oder an beiden Bechern schwarz färben, man kann dann den Übergang von den zwei Bechern nicht erkennen. Etwas Abstand zum Publikum halten!

Durch den Trichter blasen x

Material:
Eine Kerze, ein Trichter.

Vorführung:
Der Zauberer fordert einen Zuschauer auf, durch einen Trichter hindurch eine Kerze auszublasen. Ganz instinktiv wird der Zuschauer die Mitte der Trichteröffnung auf die Flamme richten, und was passiert? Nichts, die Kerze brennt lustig weiter.

Lösung:
Die Kerze flackert nicht einmal, denn die durchgeblasene Luft wird im konischen Teil des Trichters gestreut und entweicht entlang der Trichterwand. Damit das Blasmanöver gelingt, muß man also den Rand des Trichters auf die Flamme richten.

Durch den Trichter blasen

Wo ist Schwarz? x

Material:
Drei rote Becher, ein schwarzer, ein weißer und ein roter Stein.

Vorführung:
Der Zauberer zeigt drei verschiedenartige Steine vor, die er auf den Tisch legt. Er bittet einen Zuschauer, während er sich umdreht, die Steine nach eigener Wahl hinzulegen und je einen Becher darüberzulegen. Der Zauberer will den schwarzen Stein herausfinden, was ihm auch gelingt.

Lösung:
Die Steine sollen nicht kleiner sein, als der Durchmesser der Becher. Am schwarzen Stein ist ein Haar angeklebt, wodurch der Zauberer diesen findet, da das Haar seitlich vom Becher zu sehen ist, wenn man weiß, wo man zu suchen hat. Die Zuschauer dagegen vermuten, daß der Trick mit den Bechern zu tun hat. Natürlich soll man möglichst keinen weißen Untergrund verwenden. Zweckmäßig ist ein kleines, dunkleres Deckchen, das den Trick auch gut zur Wirkung bringt.

Laufende Kugel xx

Material:
Eine etwa 5 bis 6 mm dicke und 1 m lange schwarze Kordel, ein etwa 70 cm langer schwarzer Nylonfaden, ein schwarzer Tischtennisball.

Vorbereitung:
Der Nylonfaden ist an der Kordel so befestigt (Abb. 3), daß bei straff gehaltener Kordel bei a und b noch je ein Finger dazwischen paßt und der Faden mit etwa 1/2 cm Abstand parallel läuft.

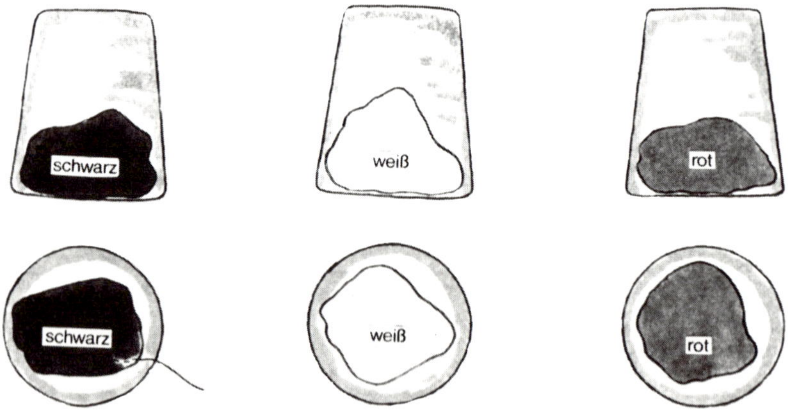

Wo ist Schwarz?

Vorführung:
Auf dem Tisch steht ein Eierbecher mit einem schwarzen Tischtennisball (Abb. 1). Der Zauberer nimmt eine Kordel und hält sie mit beiden Händen straff gespannt. So geht er nun an den Tischtennisball heran. Wenn er den Ball berührt hat, springt dieser auf die Kordel und läuft daran entlang (Abb. 2).

Lösung:
Wenn der Zauberer die Kordel vom Tisch aufnimmt, faßt er mit den Zeigefingern (Abb. 3 a und b) zwischen Kordel und Nylonfaden. Dadurch entsteht ein Abstand von etwa 1 cm zwischen Kordel und Nylonfaden. Kommt der Tischtennisball nun mit Kordel und Nylonfaden in Berührung, hebt ihn der Zauberer so vom Ständer und läßt ihn ganz langsam hin und her gleiten. Nylonfaden und Kordel müssen dabei straff gespannt bleiben. Dann plötzlich die Kordel hochschleudern, daß der Ball herunterfällt.

Feines Gefühl xx

Material:
Ein Hut, drei große Münzen, ein Buntstift.

Vorführung:
Der Zauberer legt drei Fünf- oder Zweimarkstücke (aber keine kleineren Münzen) auf den Tisch und dazu einen bunten Zeichenstift. Daneben stellt er einen Hut mit der Öffnung nach oben. Er bittet nun einen Zuschauer, während er, der Zauberer, sich umdreht, folgendes durchzuführen:
Der Zuschauer wählt eine Münze und kennzeichnet sie mit dem Buntstift. Die anderen beiden Münzen legt er in den Hut. Die gekennzeichnete Münze nimmt er nun in die zur Faust geballten Hand und zählt langsam laut bis 20. Dann wirft er die Münze in den Hut.
Nun dreht der Zauberer sich um, schüttelt kurz den Inhalt des Hutes, greift hinein und bringt eine Münze zum Vorschein: Es

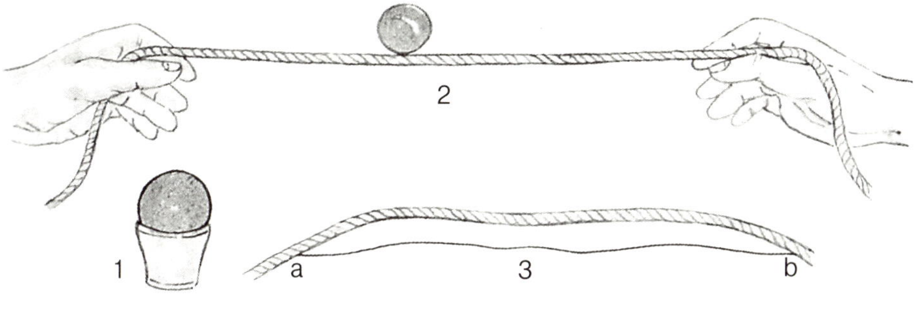

Laufende Kugel

ist die vom Zuschauer gekennzeichnete Münze.

Lösung:

Durch das Halten in der Faust wird die Münze warm, und der Zauberer kann sie durch Befühlen im Hut herausfinden.

Zu beachten ist, daß der Zauberer mit dem Befühlen der Münzen nicht zu lange wartet, damit die gekennzeichnete Münze nicht kalt wird.

Feines Gefühl

Wo ist der Knoten? xx

Material:

Eine 1 m lange, dünne Schnur.

Vorführung:

„Ich habe hier eine Schnur und schlinge genau in der Mitte einen Knoten", sagt der Zauberer (Abb. 1). Dann wendet er sich an einen Zuschauer: „Bitte nehmen Sie die beiden Enden und verknoten Sie dieselben, aber nicht nur einmal, sondern zwei- bis dreimal. Glauben Sie, daß man dann noch den mittleren Knoten auflösen kann? Ich will es versuchen. Sie haben Verständnis dafür, wenn ich es nicht verrate!"

Der Zauberer nimmt die verknotete Schnur (Abb. 2) und dreht sich um. Wenn er sich kurz darauf wieder zu den Zuschauern wendet, ist der mittlere Knoten verschwunden, der andere aber unverletzt.

Lösung:

Der Zauberer dreht sich um und lockert den mittleren Knoten so, daß er seine Daumen hindurchstecken kann. Nun breitet er ganz gleichmäßig die Arme aus. Dabei rutscht die jetzt lose Schlinge zum dicken Knoten hin (Abb. 3) und ist schließlich nur noch einer der vielen Knoten, die die Enden der Schnur verbinden (Abb. 4). Nun dreht sich der Zauberer um – der Knoten ist weg!

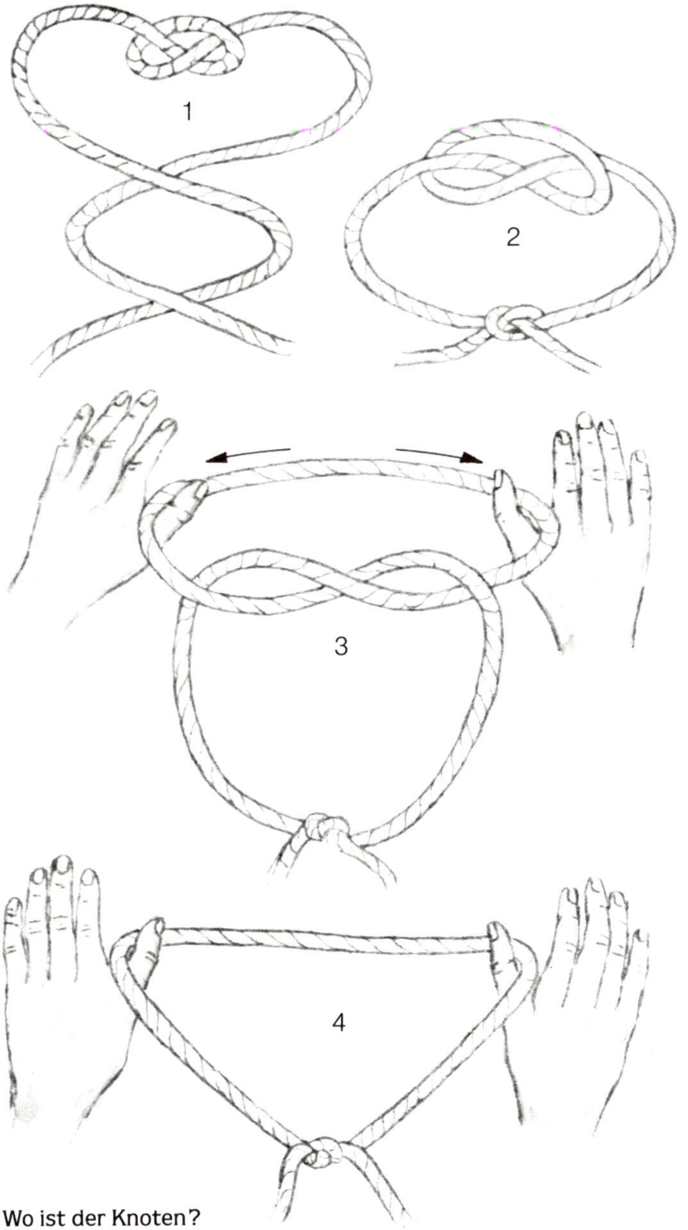

Wo ist der Knoten?

Tüchertricks

Seidentücher sind kostbar und teuer. Durch Zusammenknüllen bei Kunststücken leiden sie. Will man die Tücher schonend glätten, ist der beste Weg der, sie einfach in Wasser zu tauchen und in noch nassem Zustand auf eine Fensterscheibe oder auf einen Spiegel zu legen. So trocknen sie schnell und sind nach dem Abziehen ganz glatt.
Hier noch ein nützlicher Hinweis:
Für Tüchertricks verwendet der Zauberer in der Regel Seidentücher, da mit diesem geschmeidigen Material besonders gut zu arbeiten ist. Man kann selbst die größten Tücher winzig klein zusammenlegen und verschwinden lassen. Seidentücher gibt es in den verschiedensten Größen und Farben in Zauberfachgeschäften zu kaufen.

Tuch verschwindet xx

Material:
Zwei zusammengeknüllte Tücher, ein Stück Zeitung (Briefbogengröße), Tisch mit Falloch.

Vorführung und Lösung:
Tuchknäuel auf den Zaubertisch (vor das Falloch) legen (Abb. 1). Aus einem Stück Zeitungspapier eine Tüte drehen, diese in die rechte Hand nehmen und das Knäuel mit der linken Hand scheinbar in die Tüte stecken (Abb. 2). In Wirklichkeit ins Falloch gleiten lassen (Abb. 3). Tüte stets mit der Spitze den Zuschauern zugewandt

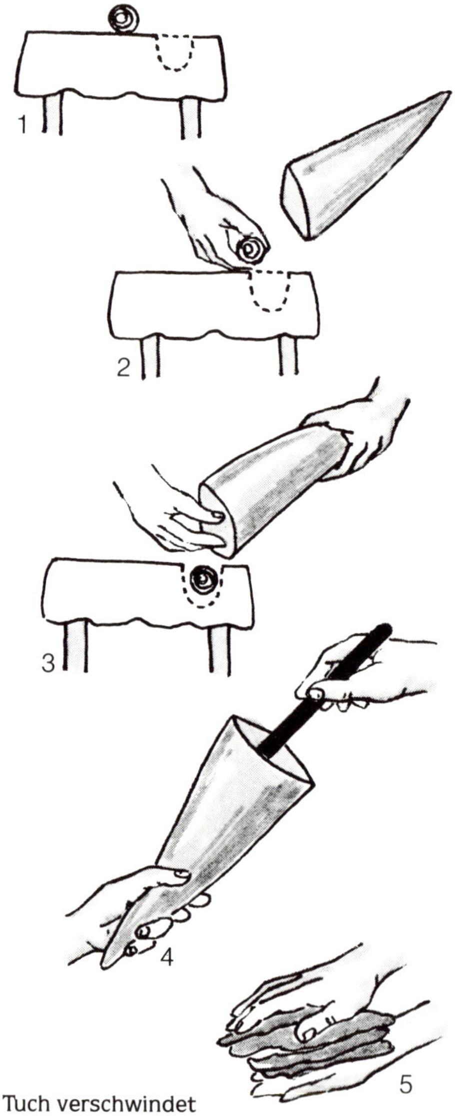

Tuch verschwindet

halten. Nun noch etwas „nachstopfen“ (Abb. 4). Am besten mit dem Zauberstab, damit auch Fachleute hereinfallen. Auf die Tüte schlagen (Abb. 5), dann die Tüte auseinanderrollen oder zerreißen. Die Tücher sind verschwunden!

Tuch ab – Knoten bleibt x

Material:
Ein Tuch, eine Schnur.

Vorführung:
Der Zauberer zeigt eine Schnur vor, auf die ein Tuch geknotet ist, und sagt: „Sie sehen hier ein Tuch, das auf ein Seil geknotet ist. Wenn Sie das Tuch von der Schnur abnehmen wollen, brauchen Sie nicht den Tuchknoten zu lösen, das kann auch magisch erfolgen. Bitte blasen Sie gegen den Knoten.“ Bläst der Zuschauer dagegen, fällt das Tuch herab, ohne daß sich der Knoten des Tuches gelöst hat.

Lösung:
Nachdem der Zauberer einen Knoten in einen Zipfel des Tuches geschlagen hat, führt er die Schnur mit einer kleinen Schlaufe durch den Knoten (Abb. 1). Der Zuschauer sieht das Tuch von der anderen Seite (Abb. 2), kann die Schlaufe also nicht bemerken. Die Schlaufe kann auch noch zusätzlich etwas von dem Tuchzipfel verdeckt werden, dann kann das Tuch beziehungsweise der Knoten sogar von beiden Seiten gezeigt werden. Wenn der Zuschauer dagegen bläst, zieht der Zauberer an beiden Schnurenden, und das Tuch fällt herab.

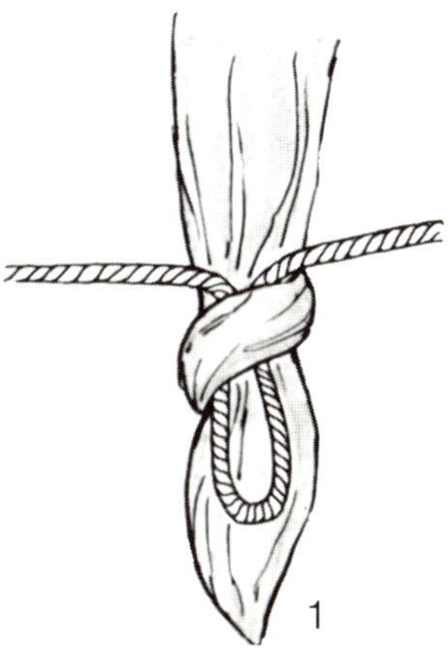
1

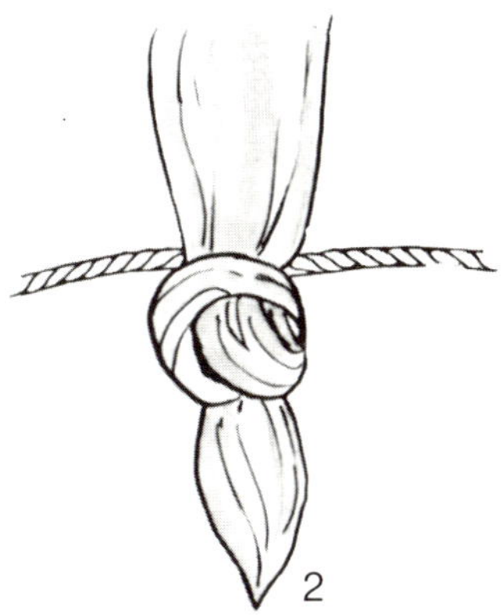
2

Tuch ab – Knoten bleibt

Ei durchdringt Tuch x

Material:
Seidentuch 30 x 30 cm, ein Holzei mit dazu passender Schale.

Vorführung:
Der Zauberer tritt mit leeren Händen auf. Er bringt ein Ei zum Vorschein. Dieses Ei wird in ein Tuch „verwandelt" und erscheint plötzlich wieder aus der Tasche des Zauberers. Die linke Hand wird dann zur Faust geballt, das Tuch darüber gelegt und das Ei in das Tuch gesteckt. Der Zauberer drückt nun das Ei in die Faust hinein, faßt mit der rechten Hand unter das Tuch und holt das Ei da, also auf der anderen Seite des Tuches wieder hervor. Das Ei wird nun nochmals „durch" das Tuch in die linke Faust gedrückt. Der Zauberer faßt dann die beiden Zipfel des Tuches; das Ei bleibt in der Mitte des Tuches hängen und kann von beiden Seiten vorgezeigt werden. Die beiden Zipfel werden jetzt mit der linken Hand gehalten, die rechte erfaßt das Ei mit Daumen und Zeigefinger und zieht es aus der Mitte des Tuches nach unten „hindurch", ohne das Tuch zu beschädigen. Hierauf läßt der Zauberer nacheinander Tuch und Ei wieder verschwinden.

Lösung:
Der Zauberer palmiert bei seinem Auftritt in der rechten Hand das Holzei, in der rechten Rocktasche befindet sich die Halbschale mit dem zusammengelegten Tuch. Er zeigt seine beiden Hände nacheinander leer vor (Austauschpalmage) und bringt dann das Ei zum Vorschein. Er steckt dieses irrtümlich in seine rechte Rocktasche, bemerkt den Irrtum und holt es wieder

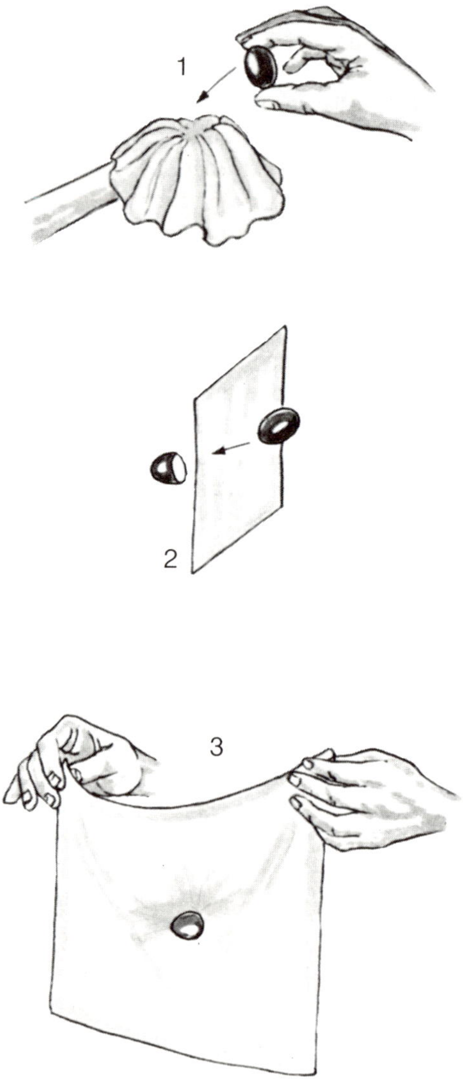

Ei durchdringt Tuch

heraus. Diesen Moment nutzt er, um das Holzei gegen die Halbschale mit dem darin befindlichen Tuch auszutauschen. Die Halbschale zeigt er nochmals vor und „verwandelt" das Ei in ein Tuch. Dabei wird die Schale hinter dem Tuch verborgen gehalten. Die Rechte steckt er nun in die rechte Rocktasche, stülpt die in der Hand palmierte Halbschale über das Holzei und bringt so beide zum Vorschein. Nun wird die linke Hand zur Faust geballt, das Tuch darüber gelegt und das Holzei in die Faust gesteckt, während die rechte die Halbschale palmiert hält. Jetzt drückt der Zauberer das Ei langsam in die Faust hinein (Abb. 1), geht mit der rechten unter das Tuch und stülpt die Halbschale über das Ei. Das Tuch befindet sich dazwischen (Abb. 2). Die Rechte erfaßt das Ei und dreht das Ganze auf die andere Seite, womit der Beweis erbracht ist, daß das Ei durch das Tuch „hindurchgedrungen" ist. Die Halbschale wird also als Vollei vorgezeigt. Dieser Vorgang wird nochmals vorgeführt. Beim drittenmal wird das Ei zuerst in die linke Faust gesteckt und fest in die Halbschale geklemmt, so daß es nicht herabfallen kann. Jetzt werden die beiden Tuchzipfel mit je einer Hand erfaßt, so daß das Tuch mit dem in der Mitte hängenden Ei von beiden Seiten vorgezeigt werden kann (Abb. 3). Sodann erfaßt die Linke die beiden Tuchzipfel, während die Rechte mit Daumen und Zeigefinger das Ei erfaßt und soweit lockert, daß das Tuch mühelos zwischen Ei und Halbschale hindurchgezogen werden kann. Zum Schluß läßt der Zauberer Tuch und Ei auf beliebige Weise wieder verschwinden.

Wasserdichtes Tuch x

Material:

Ein Glas mit Wasser, ein gelbliches Tuch, Bärlappsamen (Lycopodium).

Vorführung:

„Sie sehen hier ein Tuch, das wirklich ein Zaubertuch ist. Äußerlich sieht man es dem Tuch nicht an, aber ich will es beweisen. Das Tuch ist wasserdicht!" sagt der Zauberer. Dabei zeigt er es von beiden Seiten den Zuschauern. Dann faßt er es wie einen Beutel, hält es also an den vier Zipfeln und bittet einen Zuschauer, das Wasser aus dem Glas in das Tuch zu schütten. Überraschenderweise ist das Tuch wasserdicht.

Lösung:

In der Drogerie holt man sich Bärlappsamen (Lycopodium), mit dem das Tuch kräftig eingerieben wird. Man benützt ein gelbliches Tuch, da Bärlappsamen auch gelblich ist. Bärlappsamen hat die Eigenschaft, kein Wasser anzunehmen. Man achte darauf, daß auch alle Stellen im Tuch gut verschlossen sind. Selbstverständlich muß man vorher eine Probe durchführen.

Tuchverschwindungstüte x

Materiel:
Ein Bogen Packpapier, 90 cm x 60 cm groß, ein bis drei Seidentücher, je 30 cm x 30 cm groß, Leim.

Vorbereitung:
Man bestreicht die Ränder des Packpapierbogens wie in Abb. 1 gestrichelt angegeben mit Leim. Dann faltet man den Bogen in der Mitte bei g/h zusammen, so daß ein Bogen ABgh entsteht (Abb. 1 a), der bei a/f eine Öffnung hat, in die später das Tuch (oder die Tücher) hineingelegt wird.

Vorführung:
Der Zauberer faltet aus einem Bogen Packpapier eine Tüte, steckt ein Seidentuch hinein (Abb. 3) und öffnet dann die Tüte: Das Tuch ist verschwunden!

Lösung:
Man zeigt den (zusammengeklebten) Bogen ABgh als einen ganz normalen Papierbogen von beiden Seiten vor und faltet daraus eine Tüte. Ist diese fertig, achtet man darauf, daß die Öffnung a/f offen steht (Abb. 2). Jetzt steckt man das Seidentuch mit Hilfe des Zauberstabes in die Tüte (Abb. 3), und zwar in die Öffnung hinter a/f. Man kann bis zu drei Tücher

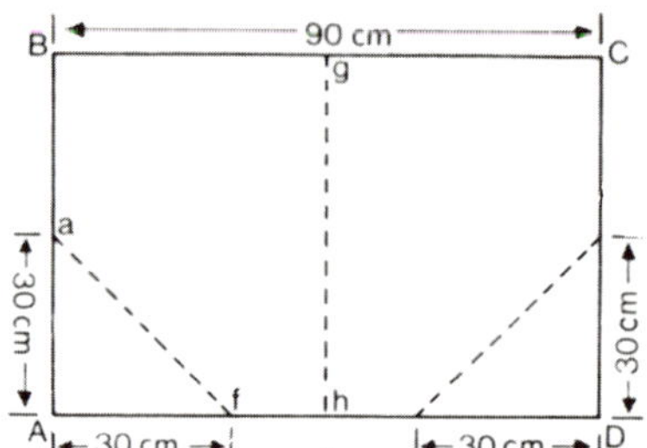

1

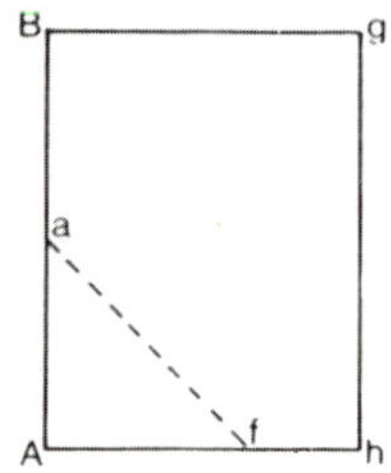

1a

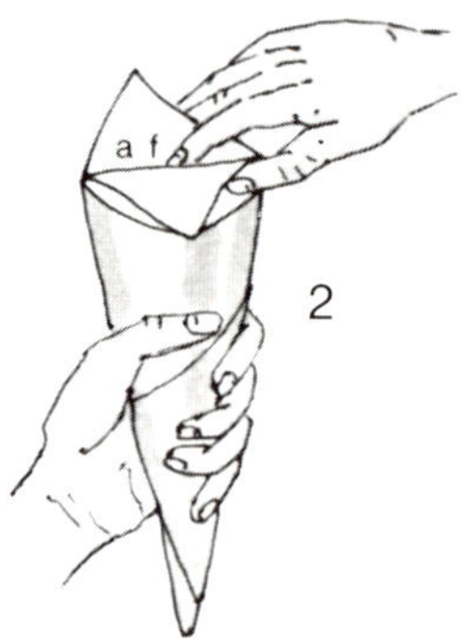

2

3

Tuchverschwindungstüte

darin verschwinden lassen. Beim Auseinanderfalten der Tüte ist es zweckmäßig, den Bogen beim Vorzeigen von beiden Seiten gegen den Körper zu halten und etwas glatt zu streichen. Dadurch werden die Tücher besser zusammengedrückt.

Man kann den Trick noch erweitern, indem man eine zweite Tüte sichtbar verschlossen auf dem Tisch liegen hat. Ist die zuerst vorgeführte Tüte leer gezeigt, öffnet man die auf dem Tisch, und es erscheint, daraus das Tuch, das man natürlich in der gleichen Farbe vorher hineingelegt hat.

Schachfigur verschwindet x

Material:
Ein Tuch oder Papierbogen mit Schachbrettmuster, zwei Karten mit Springer-Figuren, ein Umschlag.

Vorführung:
„Hier ist ein Tuch (Papier) mit Schachbrettmuster", sagt der Zauberer. „Ich habe nicht die Absicht, ein Spiel mit Ihnen durchzuführen, dazu ist die Zeit zu knapp. Dafür versuche ich, Ihnen das Zauberschachtuch vorzuführen. Hier ist ein leerer Umschlag, den ich zuklebe und sichtbar hier abstelle. Auf einer Karte ist ein Springer abgebildet

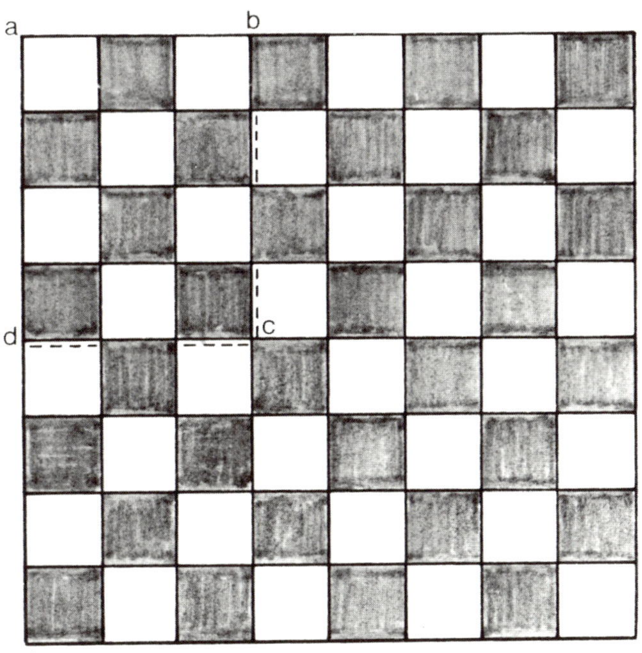

1

2

Schachfigur verschwindet

(Abb. 2, S. 45). Das Tuch ist beiderseits leer. Ich falte es einmal zusammen und lege die Springer-Karte in das Tuch." Wenn die Karte im Tuch ist, legt der Zauberer es nochmals zusammen, holt den Zauberstab, murmelt einen Zauberspruch und öffnet das Tuch: Die Springer-Karte fehlt. Das Tuch wird beiderseits offen gezeigt und geschüttelt. Der Zauberer legt das Tuch weg, nimmt den Umschlag, öffnet ihn und nimmt die Springer-Karte heraus. „Sie sehen, es ist ein richtiger ‚Springer': vom Tuch in den Umschlag."

Lösung:

Wenn der offene Umschlag gezeigt wird, dreht man ihn nur um, als Zeichen dafür, daß nichts herausfällt. Aber dabei hält man die darin befindliche Springer-Karte so fest, daß die Zuschauer sie nicht sehen können. Dann den Umschlag verschließen und abstellen.

Das Tuch ist absichtlich schachbrettartig gemustert, damit man nicht bemerkt, daß auf das obere linke Viertel des Tuches (Abb. 1 a, b, c, d, S. 45) zusätzlich ein Stück Stoff aufgenäht ist. Dadurch bildet sich ein Ablagefach. Wenn das Tuch vorgezeigt worden ist, faltet man es einmal so, daß man bei a b die Springer-Karte einlegen kann. Beim Wiederausbreiten darauf achten, daß die Karte nicht herausfällt.

Geheimnisvolle Tuchwanderung xx

Material:

Vier Zeitungsbogen, zwei rote Seidentücher.

Vorbereitung:

Man klebt je zwei Zeitungsblätter an drei Seiten zusammen. Die Schmalseite bleibt jeweils offen und bildet die Öffnung zu einer Tasche.

Vorführung:

Der Zauberer zeigt einen der präparierten Zeitungsbogen beiläufig von beiden Seiten vor und dreht daraus eine Tüte. Er hält die Tüte mit der Öffnung nach vorn, damit die Zuschauer ins Innere der Tüte sehen können, und spricht mit Betonung das Wort: „Leer!" Dann wird die Tüte geschlossen und auf einen Stuhl links vom Zauberer gelegt.

Nun wird der zweite Zeitungsbogen genau wie der erste von beiden Seiten gezeigt und dann ebenfalls zur Tüte gedreht. Ein rotes Seidentuch wird deutlich sichtbar in die Tüte gesteckt. Die Zuschauer läßt man nun auch in die Tüte hineinsehen, so daß sich jeder vom Vorhandensein des Tuches überzeugen kann. Die Tüte wird geschlossen und auf einen Stuhl rechts vom Zauberer gelegt.

Nun sagt der Zauberer etwa: „Zwei Tüten! In dieser (bewußt falsch auf die Tüte links zeigend) ist ein rotes Tuch." Die Zuschauer lassen Zwischenrufe hören; der Zauberer läßt sich dadurch aber nicht stören und spricht weiter: „Und diese Tüte (er zeigt auf die Tüte rechts) ist leer!" Er merkt scheinbar erst jetzt die Zwischenrufe und fragt: „Wie?“, wobei er sich die Hand an die Ohrmuschel hält. Dann läßt er sich ganz ruhig von den Zuschauern den Irrtum erklären. Da verschiedene Leute durcheinandersprechen, begreift er nicht gleich. Schließlich hört er das Wort umgekehrt „heraus“. „Ach, umgekehrt!“ sagt er verstehend. „Ja, diese Tüte ist leer (er zeigt wieder auf die falsche Tüte), und in dieser Tüte ist das rote Tuch!“ (dabei zeigt er auf den Stuhl links). Wieder Zwischenrufe und Schadenfreude bei den Zuschauern. Der Zauberer stellt sich darüber sehr erschrokken und verlegen. Dann aber hellt sich sein Gesicht auf und lachend sagt er: „Nein, nein! Es stimmt schon, wie ich Ihnen sage, hier ist das rote Tuch.“ Er nimmt die Tüte links, öffnet sie und holt mit den Fingerspitzen das rote Tuch heraus. Allseitiges Staunen von seiten des Publikums. Dann geht der Zauberer zum anderen Stuhl, nimmt die Tüte, und mit den Worten: „Und diese Tüte hier ... ist leer!“ öffnet er die Tüte und zeigt sie leer vor.

Lösung:
Aus den präparierten Zeitungsbogen werden die bekannten Doppel- und Verschwindungstüten. In der ersten Tüte, die leer gezeigt wird, befindet sich hinter der Zwischenwand bereits ein rotes Seidentuch von derselben Größe, wie es später in die zweite Tüte gesteckt wird. Das zweite Tuch steckt der Zauberer dann natürlich in die Seitentasche der zweiten Tüte. Die Tasche wird hier bereits beim Drehen geöffnet. Mit dem ersten Griff beim Schließen der Tüte schließt der Zauberer auch die Tasche, damit dann beim Aufrollen der Tüte nichts mehr zu sehen ist.

Schachtel-Tuchwanderung xx

Material:
Zwei Streichholzschachteln in der Größe 11½ cm x 7 cm x 3½ cm, zwei gleichfarbige Seidentücher, eine schwarze Stecknadel.

Vorbereitung:
Von beiden Schachteln werden nur die Hülsen benutzt. Die beiden Schubladen werden wie folgt neu gearbeitet: Lade 1 wird mit einer fehlenden kurzen Seite gearbeitet und bekommt in Form einer etwas kleineren Lade mit vier Seiten einen Einsatz, der genau passen muß, so daß beides, Lade und Einsatz, zusammen eine vollständige Schublade ergeben und auch so aussehen (Abb. 1, S. 48).
Lade 2 wird so gearbeitet, daß eine der kurzen Seiten als Klappe dient. An einer schmalen Seite bleibt sie mit einer der Längsseiten in Verbindung. Ist die Klappe geschlossen, sieht auch diese Lade ganz normal aus (Abb. 2, S. 48).
Eines der beiden Tücher wird klein zusammengerollt und mit einer Stecknadel im Innern der Hülse, die zu Lade 2 gehört, befestigt. Zu diesem Zweck steckt man die Nadel von außen in das obere Drittel der aufrechtstehenden Hülse und spießt innen, für den Zuschauer unsichtbar, das gerollte Tuch auf. Der sich außen befindende Kopf der Nadel fällt weiter nicht auf (Abb. 3, S. 48). Die Lade wird vor die Hülse gelegt, mit der Klappenseite nach hinten. Die Hülse der Lade 1 stellt man gleichfalls aufrecht hin und legt auch hier die Lade wie vorher beschrieben davor. Das zweite Tuch hat der Zauberer in der Hand, wenn er mit der Vorführung beginnt.

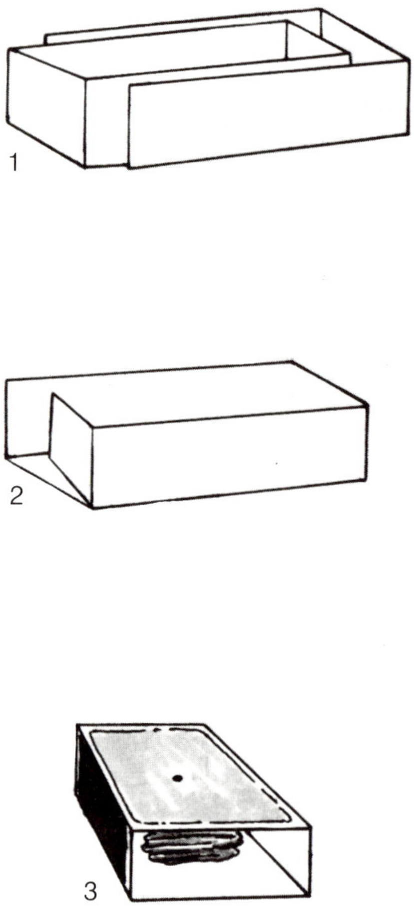

Schachtel-Tuchwanderung

Vorführung:
Der Zauberer zeigt die Streichholzschachteln leer vor, legt in eine ein Tuch, schließt beide Schachteln sichtbar vor den Zuschauern und stellt die Schachteln dann voneinander getrennt auf. Nach einigen „magischen“ Strichen hat das Tuch eine Wanderung vollzogen und befindet sich in der anderen Schachtel. Der Zauberer zeigt nun beide Schachteln vor, die anfangs leere mit dem Tuch und die andere leer.

Lösung:
Das Tuch kommt in die flüchtig leer gezeigte Lade 1. Diese wird so in die Hülse gesteckt, daß die fehlende kurze Seite unten ist. Dann wird die Schachtel geschlossen. Lade 2 steckt der Zauberer mit der Klappenseite nach unten in die Hülse. Sowie die Schachtel geschlossen ist, hat die Nadel mit dem Tuch die Klappe passiert und diese schließt sich. Man zieht die Nadel unauffällig heraus, das Tuch bleibt in der Lade zurück. Nach einigen „magischen“ Strichen öffnet man die Schachtel 1. Dabei zieht man nur die Lade mit den drei Seiten heraus und läßt den Einsatz, der das Tuch enthält, in der Hülse. Die Lade ist leer, das Tuch verschwunden. Jetzt öffnet man die Schachtel 2, und siehe da, das von der Nadel freigegebene Tuch ist „angekommen“, es hat eine „Wanderung“ vollzogen.

Tuchknoten schlagen x

Material:
Ein längliches Tuch.

Vorführung.
„Ich habe hier ein Tuch und versuche, einen Knoten hineinzuschlagen, und zwar ohne die andere Hand zu benutzen", sagt der Zauberer. Dann nimmt er beide Zipfel des Tuches in die rechte Hand (Abb. 1), schlägt im großen Bogen einen Zipfel nach unten, nichts verändert sich. Der Zauberer nimmt nochmals den Zipfel hoch, wiederholt die Bewegung – wieder nichts. Beim dritten Versuch gelingt es: Der Knoten ist da (Abb. 2)!

Lösung.
Der Knoten ist von Anfang an im Tuch und wird in der Faust versteckt (Abb. 1). Bei den ersten beiden Versuchen läßt der Zauberer den anderen Zipfel ohne Knoten fallen. Beim dritten Versuch zeigt er den Knoten vor (Abb. 2).

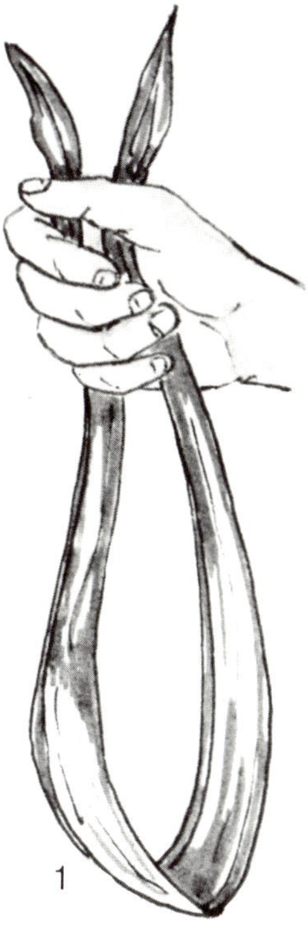

1

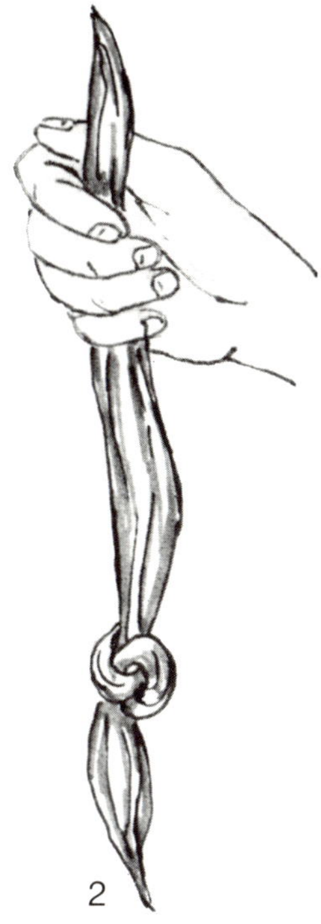

2

Tuchknoten schlagen

Tuch wird Ball xx

Materil:
Ein weißes Seidentuch 15 x 15 cm, 1 rot lackierter Tischtennisball.

Vorführung:
Der Zauberer zeigt beide Hände leer vor, ergreift aus seiner rechten Tasche (oder vom Tisch) ein weißes Seidentuch und zieht es ein- bis zweimal durch die linke Hand. Dann steckt er das Tuch langsam in die linke Faust, greift zum Zauberstab und macht einige „magische" Striche. Er öffnet die linke Hand: es erscheint der rote Ball, das Tuch ist weg.

Lösung:
Man verwendet einen Tischtennisball, in dem eine Öffnung so eingeschnitten ist (Abb. 1), daß das Tuch hineinpaßt. Es ist zweckmäßig, den Rand des Loches mit einer Nagelfeile oder Sandpapier zu glätten. Beim Aufnehmen des Tuches aus der Tasche oder vom Tisch – der Ball liegt verborgen dabei – versteckt der Zauberer den Ball in der linken Hand (Abb. 2 und 3). Dann wird das Tuch langsam durch das Loch (Abb. 4) gesteckt, der Tuchzipfel wird nochmals gezeigt. Der Zauberer nimmt den Zauberstab, sagt einen Zauberspruch – das Tuch ist inzwischen restlos im Ball verschwunden –, dann erscheint der Ball. Das Loch wird dabei vom Daumen verdeckt (Abb. 5).

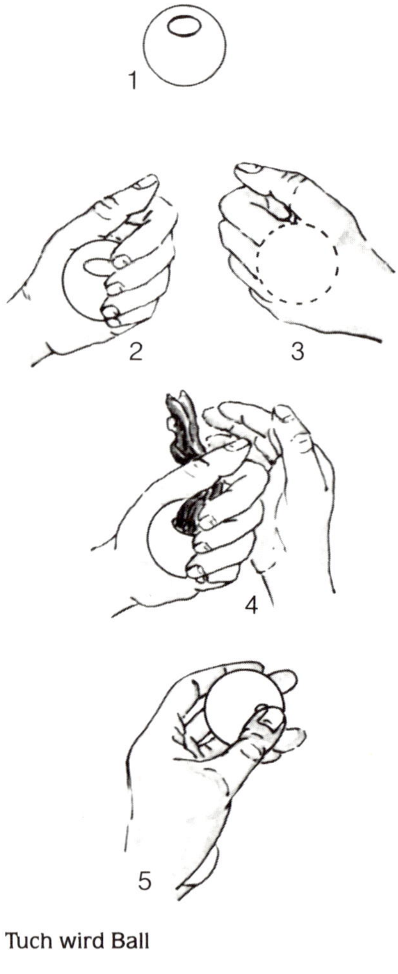

Tuch wird Ball

Tuchteller xx

Material:
Zwei Seidentücher, zwei Teller.

Vorführung:
Der Zauberer zeigt die Teller leer vor und legt sie ineinander. Nochmals werden sie getrennt, zum Beweis, daß nichts zwischen ihnen liegt. Nachdem der Zauberer sie diesmal mit den Rändern aufeinandergelegt hat, nimmt er seinen Zauberstab, streicht damit über die Teller und murmelt einen Zauberspruch. Dann nimmt er die Teller auseinander, und nun liegen plötzlich zwei Tücher dazwischen.

Lösung:
Der Zauberer legt die Seidentücher locker so zusammen, daß sie ein kleines Paket bilden. Noch besser ist es, sie ziehharmonikaartig zusammenzulegen, damit sie später leichter aufspringen. Die Teller liegen zunächst ineinander auf dem Tisch, das Tuchpaket ist dahinter versteckt (Abb. 1). Es wird durch den Druck des Tellerrandes festgehalten, falls man es nicht etwas unter die Teller klemmt. Beim Aufnehmen der Teller greift die linke Hand den oberen Teller und die rechte den unteren, zugleich mit dem Tuchpaket, das von der rechten Hand verdeckt wird (Abb. 2). So werden beide Teller zugleich leer vorgezeigt. Dann stellt man sie aufeinander, läßt aber zunächst die Ränder noch etwas verschoben, damit man bei der weiteren Bewegung das Tuchpaket mit nach oben zwischen die Teller gleiten lassen kann (Abb. 3). Dann beide Teller genau übereinanderlegen (Abb. 4). Zusammen hebt man sie nochmals hoch und schüttelt sie, damit sich die Tücher ausbreiten können. Dann erfolgt der Zauberspruch und das „Herbeizaubern" der Tücher. Man kann auch sogenannte Klappblumen, die es in Zaubergeschäften zu kaufen gibt, statt der Tücher verwenden.

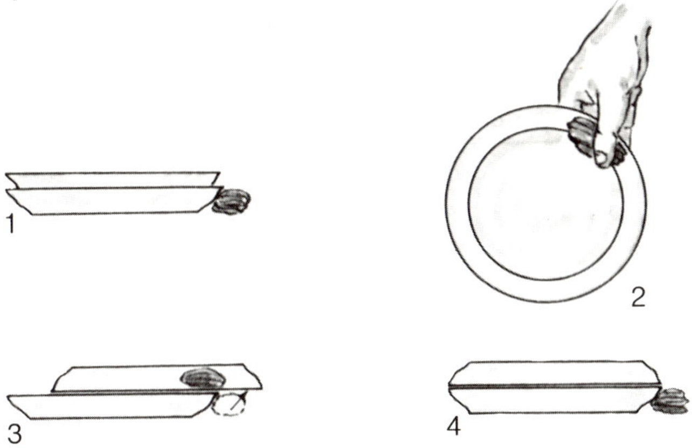

Tuchteller

Brennende Zigarette verschwindet xx

Material:
Ein künstlicher Daumen zum Überstülpen, ein Taschentuch, eine halbe Zigarette.

Vorführung:
Der Zauberer nimmt aus seiner Tasche sein Ziertuch, zeigt es von beiden Seiten vor und legt es über die linke Hand. Dann macht er eine lochartige Vertiefung mit dem rechten Daumen, ergreift die brennende Zigarette und steckt sie in die Vertiefung. Seine rechte Hand ist jetzt leer. Er entfaltet das Tuch: Die Zigarette ist verschwunden.

Lösung:
Der Zauberer hat den künstlichen Daumen (Abb. 1) zunächst in seiner äußeren Brusttasche seitlich beim Ziertuch. Er zeigt beide Hände leer vor und greift dann mit der Rechten nach dem Ziertuch. Dabei faßt der Daumen in den künstlichen Daumen. Der Zauberer zeigt das Tuch von beiden Seiten vor, legt es über die linke Hand und drückt eine Vertiefung mit dem rechten Daumen hinein. Dabei bleibt der künstliche Daumen, von der darunter befindlichen linken Hand gehalten, im Tuch (Abb.2). Jetzt wird die brennende Zigarette genommen, in den Daumen gesteckt und ausgedrückt (Abb. 3). Dabei schlüpft der rechte Daumen wieder in den künstlichen.

Der Zauberer zeigt die rechte Hand den Zuschauern leer vor, hält aber die Hand so, daß die Zuschauer vornehmlich vorn die Fingerspitzen sehen; die Hand also nicht hoch oder seitlich halten! Dann faßt der Zauberer mit der rechten Hand das Tuch, zeigt es von beiden Seiten leer vor und steckt es ebenso wie den künstlichen Daumen wieder in seine Rocktasche.

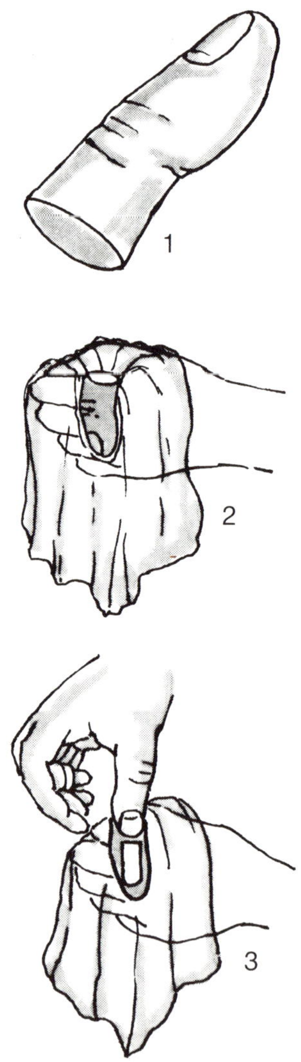

Brennende Zigarette verschwindet

Einhandknoten xx

Material:
Ein Seidentuch oder -schal.

Vorführung:
In ein Seidentuch, das sich in der rechten Hand befindet, wird mit einer Hand ein Knoten gebracht, ohne die andere Hand zu benutzen.

Lösung:
Das Tuch oder am besten ein Seidenschal wird so gehalten, wie es Abb. 1 zeigt. Das Tuch- oder Schalende A nimmt man zwischen Ring- und kleinen Finger der rechten Hand. Das Ende B wird über die Hand nach hinten gelegt; B muß länger sein als A. B wird nun von hinten nach vorn oben geschleudert (Abb. 2). Zeigefinger und Mittelfinger erfassen Zipfel B. Mit einem kurzen Ruck läßt man das Tuch von der Hand gleiten. Der Zipfel B wird dadurch durch die sich bildende Schlinge gezogen, wodurch der Knoten entsteht (Abb. 3).

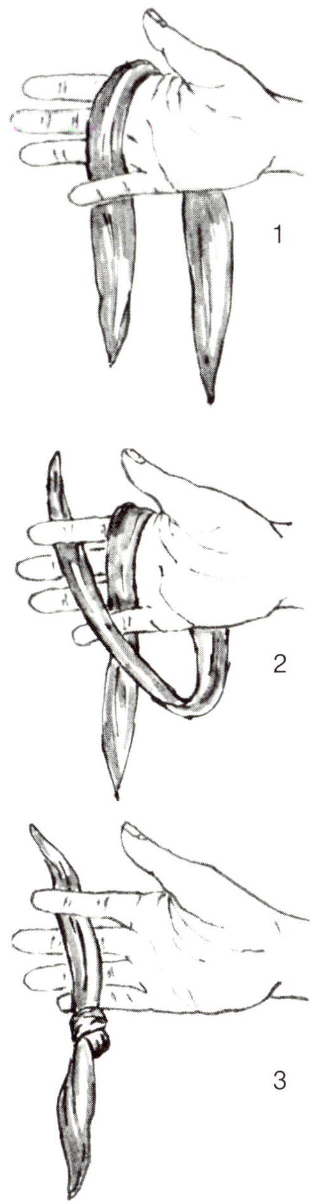

Einhandknoten

Tuchverfärbung xx

Material:
Eine präparierte Streichholzschachtel, ein rotes Tuch (3 cm x 3 cm), ein weißes Tuch (3 cm x 3 cm).

Vorführung:
Der Zauberer nimmt aus einer Streichholzschachtel die wenigen darin befindlichen Streichhölzer heraus und zeigt die Schachtel leer vor. Dann legt er das weiße Tuch hinein (Abb. 1). Die verschlossene Schachtel bestreicht der Zauberer einige Male mit dem Zauberstab. Dann öffnet er die Schachtel: Das Tuch ist jetzt rot gefärbt. (Abb. 2).

Lösung:
Den Boden einer Streichholzschublade trennt man mit einer Rasierklinge von den beiden Längsseiten und einer Schmalseite ab, drückt ihn mit dem losen Ende nach oben und klebt dieses auf dem oberen Teil sauber fest, so daß ein schräger Zwischenboden entsteht (Abb. 3).

In einem der beiden Hohlräume wird das rote Tuch versteckt. Die Schublade kommt wieder in die Hülle, die auf beiden Seiten das Deckblatt „Welthölzer“ (von einer zweiten Schachtel abgenommen und aufgeklebt) trägt, was der Zuschauer aber nicht sieht. Anfangs liegen der besseren Wirkung halber noch einige Streichhölzer in der Schachtel. Der Zauberer nimmt sie sichtbar heraus und zeigt die halbgeöffnete Schachtel leer vor. Dann legt er das weiße Tuch (Abb. 1) hinein. Während des Zauberspruches dreht er die Schachtel um und bringt das rote Tuch zum Vorschein (Abb. 2). Beim Einlegen des weißen Tuches sagt der Zauberer bewußt: „Sie sehen hier die Schachtel, in die ich jetzt das weiße Tuch lege.“

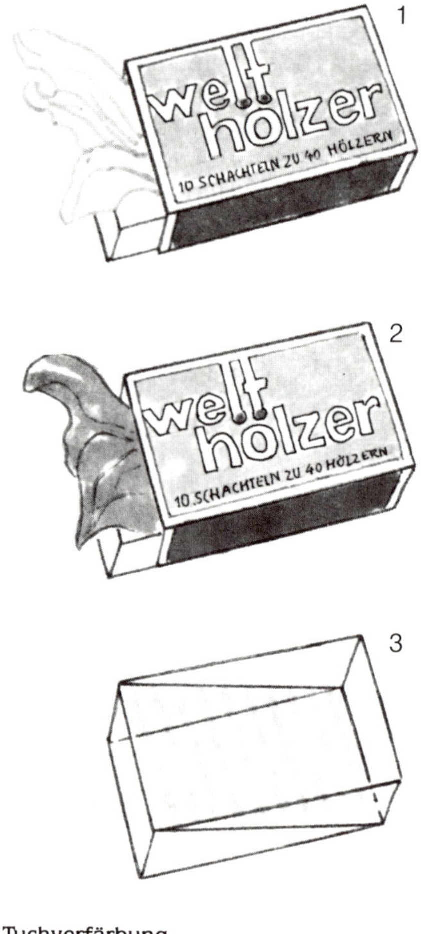

Tuchverfärbung

Kleine Zaubertüte xx

Material:
Ein Bogen Papier (DIN A4), eine Büroklammer, ein Bleistift, zwei kleine Seidentücher der gleichen Farbe.

Vorführung:
Der Zauberer zeigt seine leeren Hände vor, nimmt einen Bogen Papier und formt eine Tüte, die oben mit einer Büroklammer festgehalten wird. Die leere Tüte wird nochmals gezeigt. Dann wird unten an der Spitze ein kleines Stück abgerissen, so daß eine Öffnung von etwa 0,5 cm Durchmesser entsteht. Der Zauberer nimmt den Bleistift, steckt ihn in die Tüte und sogleich wieder durch das Loch unten heraus. Dann wird die Tüte geschlossen und einem Zuschauer gegeben.
Der Zauberer zeigt ein kleines Seidentuch, das er auf beliebige Weise verschwinden läßt (Zauberspruch!). Der Zuschauer soll dann die Tüte öffnen: Dort ist das Tuch angekommen!

Lösung:
Um den Bleistift ist eines der Tücher gewickelt. Es wird beim Einführen des Bleistiftes in der Hand verborgen (Abb. 1). Beim Durchstecken des Bleistiftes bleibt es in der Tüte (Abb. 2). Der Zauberer läßt das andere Tuch offensichtlich verschwinden.

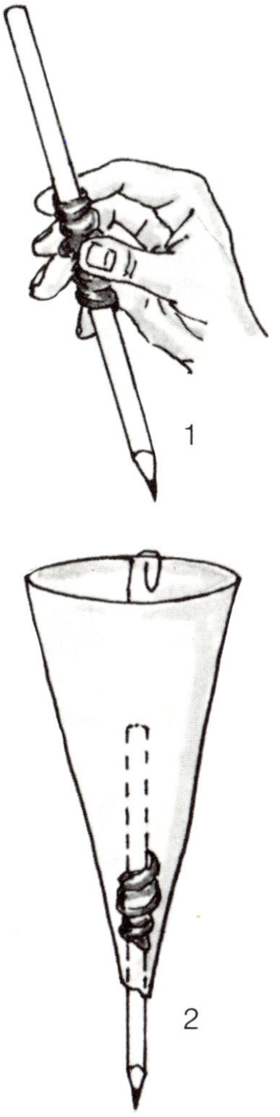

Kleine Zaubertüte

Sich selbst lösender Knoten xxx

Material:
Ein schwarzer Zwirnsfaden, ein schwarzes Tuch.

Vorführung:
Der Zauberer zeigt ein Tuch vor, das er aus der Tasche gezogen hat. Er bildet damit einen lockeren Knoten und faßt das Tuch an einer Spitze an (Abb. 1). Plötzlich bewegt sich die untere Tuchspitze nach oben (Abb. 2), schlüpft durch den Knoten, und das Tuch hat sich allein entknotet (Abb. 3). Dann steckt der Zauberer das Tuch wieder in die Tasche.

Lösung:
Wie der Vorgang zu erklären ist, wird aus Abb. 4 ohne weiteres ersichtlich. Ein Faden verbindet eine Tuchspitze mit dem Fuß. So vorbereitet, kann man das Tuch aus der Tasche nehmen. Dann bildet man einen losen, breiten Tuchknoten (Abb. 1). Dann die Hand leicht heben. Dabei strafft sich der Faden, und der Knoten löst sich langsam.

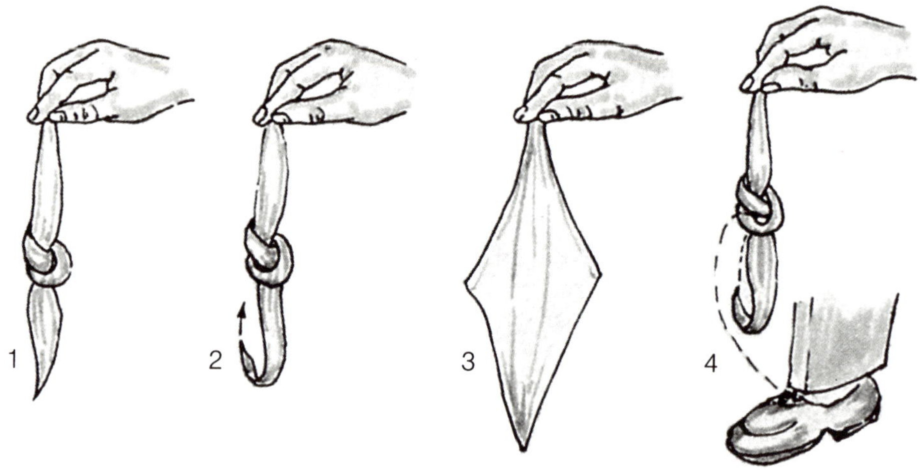

Sich selbst lösender Knoten

Wie ihr wollt xxxx

Material:
Ein Dreifachständer mit Ringen (etwa 3 cm Durchmesser), ein rotes und ein blaues Seidentuch (beide etwa 10 cm x 15 cm), drei Bogen weißes Papier (etwa 10 cm x 20 cm), eine Daumenspitze.

Vorführung:
Die Papierbogen werden zu Röhren geformt, von 1 bis 3 beschriftet und in die Ringe des Ständers gesteckt.
Das rote und das blaue Seidentuch liegen auf dem Tisch. Der Zuschauer soll eine Tuchfarbe wählen. Daraufhin nimmt der Zauberer das gewählte Tuch in die linke Faust, spricht einen Zauberspruch – das Tuch ist weg! Nun soll der Zuschauer eine der drei Röhren nennen. Aus dieser Röhre, die der Zauberer vom Ständer nimmt, erscheint das Tuch. Die anderen Röhren werden gezeigt, sie sind leer.

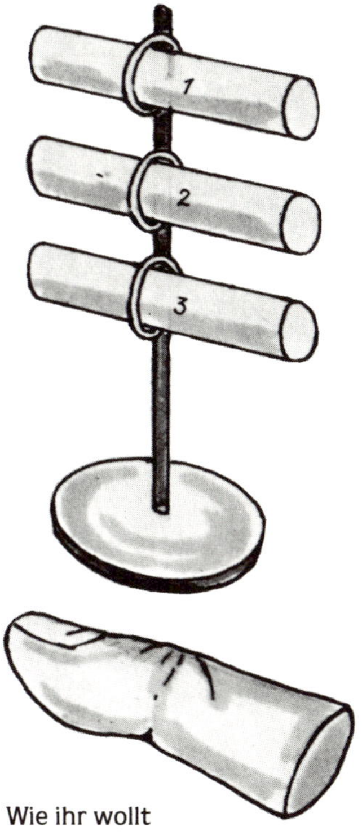

Wie ihr wollt

Lösung:
Neben den Tüchern ist die Daumenspitze versteckt (in Scherzartikel- und Zaubergeschäften erhältlich). Zunächst formt der Zauberer mit den drei weißen Bogen Röhren, die er in die Ringe des Ständers steckt und von 1 bis 3 beschriftet. Dann wählt der Zuschauer eine Tuchfarbe. Wenn der Zauberer das Tuch vom Tisch nimmt, streift er zugleich die Daumenspitze auf den rechten Daumen. „Ihr gewähltes Tuch will ich in meine linke Faust stecken", sagt der Zauberer, ergreift dabei mit der rechten Hand das Tuch und bringt es in die linke Hand. Unter Deckung des Tuches nimmt der Zauberer zunächst die Daumenspitze in die linke Faust. Dann wird das Seidentuch in die Daumenspitze gesteckt, und der rechte Daumen übernimmt die Daumenspitze. Der Zauberer sagt einen Spruch und zeigt beide Hände leer vor.
„In welcher der drei Röhren soll Ihr Tuch erscheinen?" fragt der Zauberer. Dabei greift er mit dem Daumen in die bezeichnete Röhre und läßt die Daumenspitze mit dem darin befindlichen Tuch in der Röhre. Nach einem weiteren Zauberspruch wird das Tuch aus der Röhre (aus der Daumenspitze) gezogen und dabei die leere Daumenspitze auf den rechten Daumen gesteckt. Nun können die drei Papierröhren leer gezeigt werden.

Tuchwechsel schwarz-weiß
XXXXX

Material:
Ein Ständer, drei Pappringe, zwei Tücher (schwarz und weiß), zwei Klammern (schwarz und weiß)

Vorführung:
Der Zauberer hat auf dem Gestell nebeneinander eine schwarze Klammer, einen schwarzen Ring, ein schwarzes Tuch, eine weiße Klammer, einen weißen Ring und ein weißes Tuch liegen (Abb. 1). Nun nimmt der Zauberer beide Ringe auf und zeigt sie von beiden Seiten – der eine Ring ist auf beiden Seiten schwarz, der andere weiß. Dann klammert er das dazugehörige Tuch an (Abb. 2) und murmelt einen Zauberspruch. Dabei bringt er beide Ringe hinter den Rücken und zieht sie sofort wieder vor: Am schwarzen Ring ist jetzt das weiße Tuch angeklammert und am weißen Ring das schwarze (Abb. 3). Der Zauberer nimmt Tücher und Klammern ab und legt alles auf den Tisch ab.

Lösung:
„Gezaubert" wird nicht mit zwei, sondern mit drei Ringen. Der schwarze Ring (Abb. 4 a) ist beiderseits schwarz. Der weiße Ring (Abb. 1 b) besteht aus zwei Ringen; davon ist der obenliegende, sichtbare Ring auf der Oberseite weiß, auf der Rückseite aber schwarz. Darunter liegt ein zweiter Ring, dessen beide Seiten weiß sind (Abb. 4 b). Der schwarze und die beiden weißen Ringe werden als ein Ring vom Ständer genommen und auch als ein Ring vorgezeigt (man sieht dann die Vor-

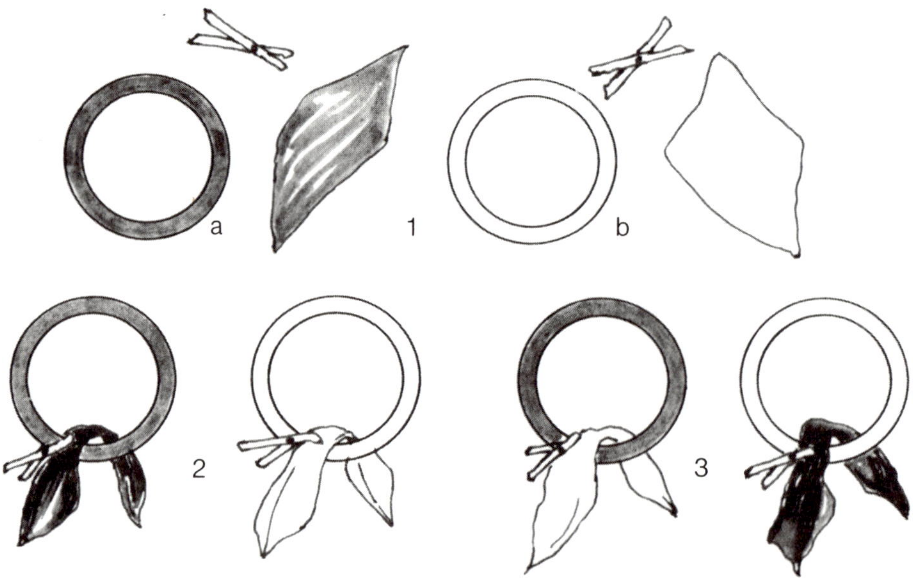

Tuchwechsel schwarz-weiß

der- und Rückseite des kombinierten Ringes weiß). Wenn der Zauberer in der linken Hand den schwarzen und in der rechten Hand den weißen Ring von beiden Seiten vorgezeigt hat, legt er vor den Zuschauern den kombinierten, weißen Ring aus der rechten Hand auf den schwarzen Ring in der linken Hand (Abb. 5). Die Ringe werden zunächst in Richtung zum Zuschauer waagerecht gehalten, so daß die Farbe nicht zu erkennen ist. Jetzt nimmt der Zauberer mit der rechten Hand den obersten, einzelnen weißen Ring so schräg ab, daß der Zuschauer ihn nur als weißen Ring erkennen kann. Zugleich dreht er die beiden anderen Ringe – für den Zuschauer ist es nur einer – so nach oben, daß diese nur den unteren schwarzen Ring sehen (Abb. 5).

Die beiden Ringe – der einfache und der kombinierte – werden nun zusammen mit der linken Hand vorgezeigt (Abb. 7). Dabei nimmt der Zauberer das weiße Tuch vom Ständer, legt es um den „weißen" Ring und klammert es an (Abb. 2). Das gleiche passiert mit dem „schwarzen" Ring und dem schwarzen Tuch. Jetzt nimmt der Zauberer in jede Hand einen Ring (Rückseite nicht zeigen), sagt „Simsalabim", geht mit beiden Ringen hinter den Rücken (dabei dreht er beide Ringe um), kommt aber sofort wieder mit den Ringen nach vorn: Am „weißen" Ring hängt nun das schwarze Tuch und am „schwarzen" das weiße (Abb. 3). Klammern und Tücher lösen und alles weglegen.

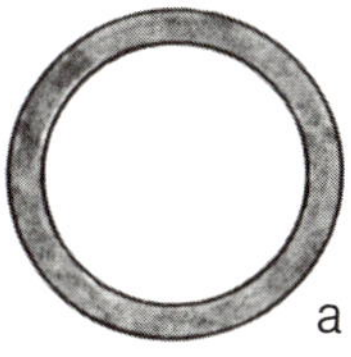
a

4

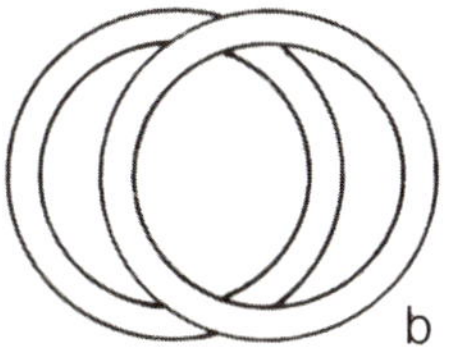
b

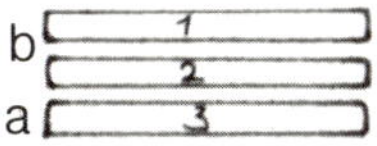

5

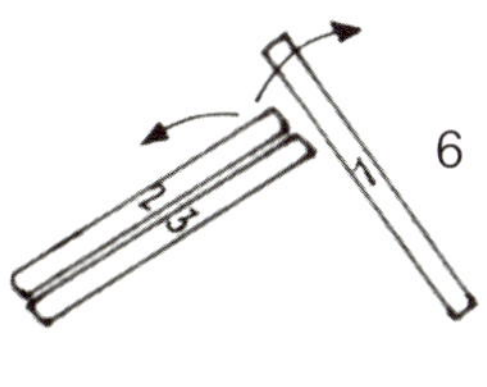

6

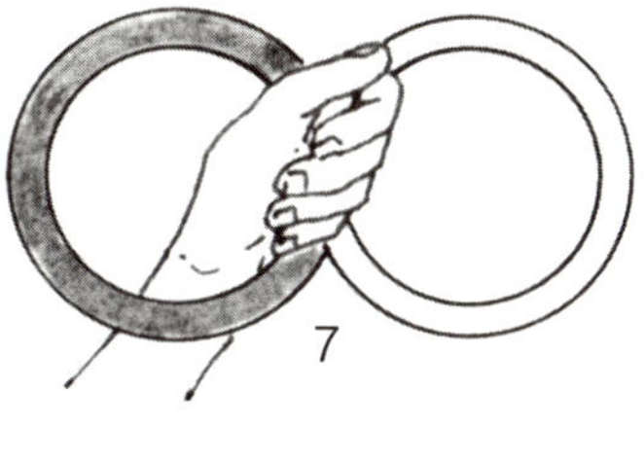

7

Gordischer Knoten xxxxx

Material:
Zwei dickere Seile (beide etwa 1,5 m lang), fünf kleine Seidentücher.

Vorführung:
„Sie haben gewiß in der Schule einmal etwas vom Gordischen Knoten gehört, den der phrygische König Gordius geflochten hat? Wer ihn löste, sollte Asien beherrschen." So leitet der Zauberer die Vorführung ein. „Alexander der Große zerhieb den Knoten mit dem Schwert, das war 333 vor Christus! Hier handelt es sich um den gleichen Knoten mit zwei Seilen. Es werden Tücher darauf gebunden, die trotz der Knoten, und ohne daß sich diese lösen, herunterfallen!" Dabei zeigt der Zauberer zwei Seile vor (Abb. 1), um die er dann eines von fünf Tüchern knotet, die vor ihm auf dem Tisch liegen. Jetzt ruft er zwei Zuschauer zu sich und gibt jedem zwei Tücher, die sie ebenfalls um die beiden Seile knoten sollen. Ist dies geschehen, läßt sich der Zauberer von jedem ein Seilende geben und schlingt damit über die aufgebundenen Tücher noch einen Knoten. Dann gibt er die beiden Enden wieder den beiden Zuschauern zurück. Diese kommen der Aufforderung, kräftig an den Seilen zu ziehen, nach – und die Tücher fallen zu Boden, ohne daß sich ein Knoten gelöst hätte. Die beiden Seile aber befinden sich nach wie vor in ihren Händen.

Lösung:
Die beiden Seile sind präpariert; und zwar wurden sie jeweils in der Mitte zusammengefaltet und dann mit der Umbiegestelle zueinander gelegt (Abb. 2). Mit einem nicht zu starken Zwirnsfaden werden sie an dieser Stelle (x) zusammenge-

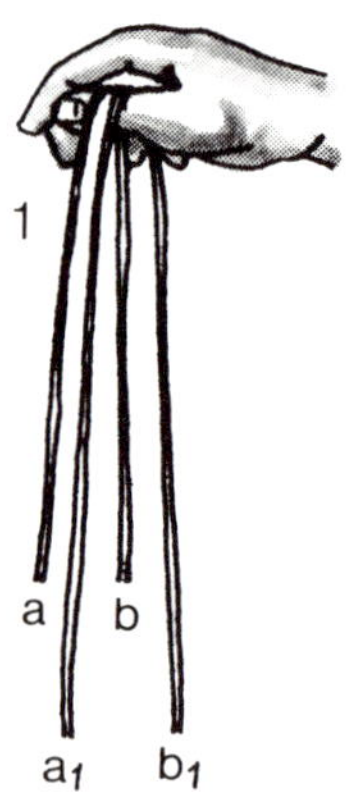

Gordischer Knoten

bunden. Der Zauberer nimmt die Seile beim Vorzeigen so zwischen Daumen und Zeigefinger, daß die Mittelstelle nicht zu sehen ist und die Enden locker herunterhängen (Abb. 1).

Der Zauberer hat fünf Tücher vor sich auf dem Tisch. Davon nimmt er eines und bindet es über die Mitte der Seile (x), so daß man nicht mehr sehen kann, wie die Seile hier verbunden sind. Er bittet zwei Zuschauer die Seile zu halten. Der eine erhält die Enden a und a 1, der andere b und b 1. Die Seile muß man locker halten, damit der Faden nicht reißt!

Jetzt nimmt der Zauberer vom Tisch die vier Tücher und gibt jedem Zuschauer zwei davon. Die Tücher sollen ebenfalls, nicht zu fest, um die Seile geknotet werden (Abb. 3). Der Zauberer hilft dabei, indem er die Seile hält (stets locker, nicht stramm!). Dann läßt er sich von jedem Zuschauer ein Ende geben und schlägt mit diesen beiden Enden über die Tücher, die zuvor vorsichtig in die Mitte geschoben wurden, einen Knoten. Die Enden gibt er den beiden Zuschauern wieder zurück (Abb. 4).

Nun sagt der Zauberer: „Sie haben es selbst erlebt, daß wir fünf Tücher auf die beiden Seile geknotet haben und dann nochmals über alle Tücher hinweg ein Knoten gebunden wurde. Sie beide halten jetzt die Enden fest. Wenn ich nun langsam bis drei zähle, dann bitte bei drei mit einem kräftigen Ruck beide Enden, die Sie in Händen halten, straff zu sich heranziehen!" Dann zählt der Zauberer bis drei, die beiden Zuschauer ziehen, und die Tücher fallen herunter, ohne daß die Knoten dabei aufgehen. Die beiden Seile dagegen halten die Zuschauer nach wie vor in ihren Händen.

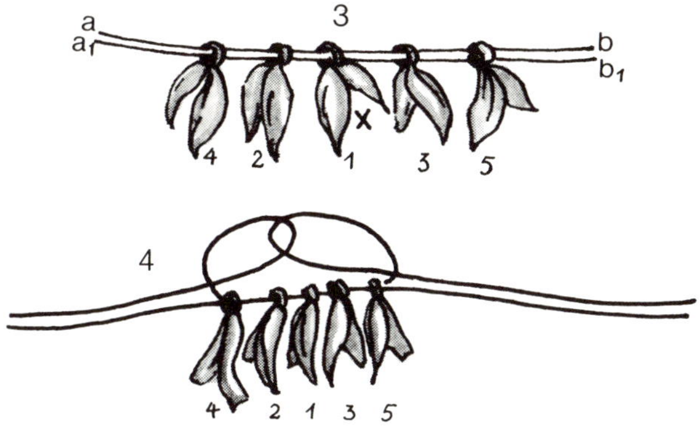

Streichholztricks

Zaubertricks mit Streichhölzern und Streichholzschachteln sind gerade für den Anfänger besonders gut geeignet, da sie meist ohne Vorbereitung und Hilfsmittel an jedem Ort einstudiert werden können. Hat man sich die nötige Fingerfertigkeit angeeignet, lassen sich die kleinen Zaubereien auch überall vorführen, zum Beispiel am Stammtisch, in gemütlicher Runde zu Hause oder wo immer jemand im Begriff ist, sich eine Zigarette anzuzünden. Viele Streichholztricks sind auch ideal als kleine Einlage bei einer längeren Vorstellung mit aufwendigen Zaubertricks. Allerdings ist das nur bei einem kleineren Publikum möglich, da entfernt sitzende Zuschauer die Vorführung nicht sehen können.

Schwebende Hölzer x

Material:
Eine Streichholzschachtel.

Vorführung:
Die Streichholzschachtel wird halbgeöffnet vorgezeigt, so daß die Zuschauer die Hölzer darin liegen sehen (Abb. 1). Nun dreht der Zauberer die Schachtel um, zieht die Hülle ab, faßt die so daliegende Innenschachtel an und hebt sie hoch – es fallen keine Streichhölzer heraus (Abb. 2). Dann wird die Schachtel wieder geschlossen, geschüttelt und einem Zuschauer gegeben, damit er den gleichen Versuch macht. Die Hölzer werden auf den Tisch fallen gelassen.

Lösung:
Der Zauberer hat vorher ein abgebrochenes Streichholz quer in die Schachtel gelegt, das die Hölzer festhält (Abb. 3). Beim Verschließen der Schachtel nach der Vorführung wird es mit einem Finger so nebenbei wieder längs gelegt.

1

2

3

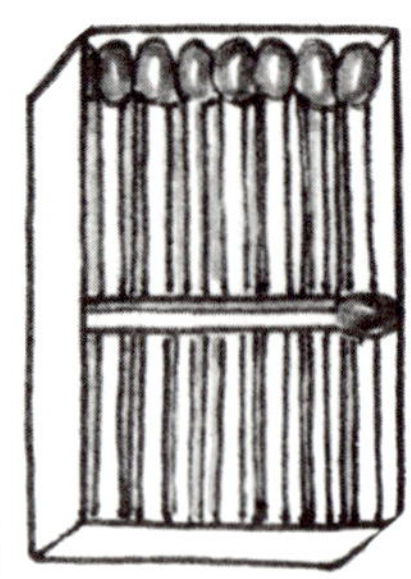

Schwebende Hölzer

Das Flammenproblem x

Material:
Eine Streichholzschachtel.

Vorführung:
Der Zauberer fragt einen Zuschauer, ob es ihm möglich ist, ein brennendes Streichholz nach unten zu halten und dabei bis 30 zu zählen, ohne sich die Finger zu verbrennen. Es wird dem Zuschauer nicht gelingen. Der Zauberer aber führt das Kunststück vor.

Lösung:
Der Zauberer zieht mit dem brennenden Streichholz waagerechte Kreise (siehe Abb.). Dadurch kommt die Flamme während der gesamten Zeit des Zählens nicht nach oben.

Kraftprobe x

Material:
Ein Streichholz.

Vorführung:
„Nehmen Sie ein Streichholz zwischen die Spitzen des Zeigefingers und des Daumens (Abb. 1) und versuchen Sie, es zu zerbrechen", sagt der Zauberer zu einem Zuschauer. Es gelingt kaum; dem Zauberer gelingt es jedoch mühelos.

Lösung:
Der Zauberer nimmt das Streichholz so zwischen Zeigefinger und Daumen, daß die Enden zwischen dem ersten und zweiten Glied zu sitzen kommen (Abb. 2). Jetzt ist der Druck verteilt, und das Holz kann leicht geknickt werden.

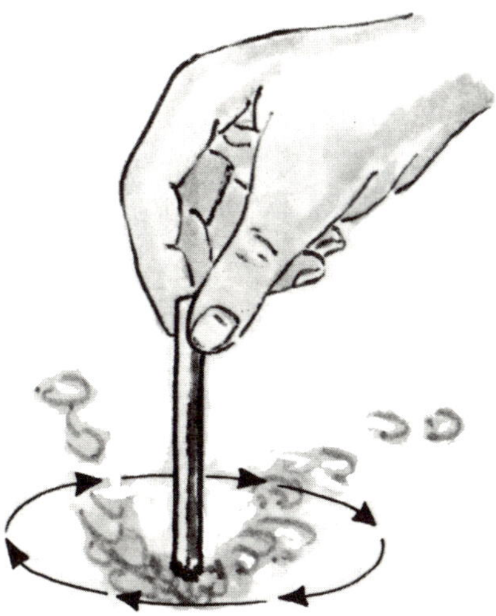

Flammenproblem

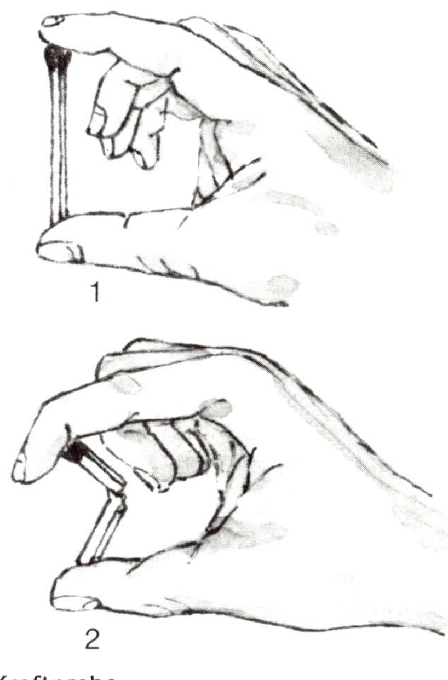

Kraftprobe

Drei Streichhölzer xx

Material:
Vier Streichhölzer.

Vorführung:
Der Zauberer legt drei Streichhölzer auf den Tisch. Dann nimmt er zwei davon einzeln in die linke Hand, das dritte Streichholz steckt er sichtbar in seine rechte Rocktasche. Wenn der Zauberer nun die linke Hand öffnet, sind trotzdem drei Streichhölzer darin.

Lösung:
Der Zauberer hat – für den Zuschauer nicht sichtbar – in der rechten Hand ein Streichholz versteckt. Er nimmt das erste Streichholz und legt es sichtbar in seine linke Hand, die er daraufhin schließt. Nun nimmt er das zweite Streichholz vom Tisch und steckt es ebenfalls in die linke Hand. Bei dieser Bewegung legt er das in der rechten Hand verborgene Streichholz heimlich mit dazu. Nun schließt er die linke Hand. Der Zuschauer muß annehmen, daß zwei Streichhölzer darin sind. Nun nimmt der Zauberer das dritte Streichholz mit der rechten Hand vom Tisch und steckt es angeblich in seine rechte Rocktasche. In Wirklichkeit behält er es in seiner rechten Hand, was der Zuschauer nicht wissen und sehen soll. Er steckt die rechte Hand also nur zum Schein in die Tasche. Zur Ablenkung bringt er sogleich die linke Hand nach vorn auf den Tisch, öffnet sie und läßt die drei Streichhölzer herausfallen. Er hat also nun wieder – wie am Anfang – ein Holz in der rechten Hand verborgen und kann den ganzen Vorgang nochmals wiederholen.

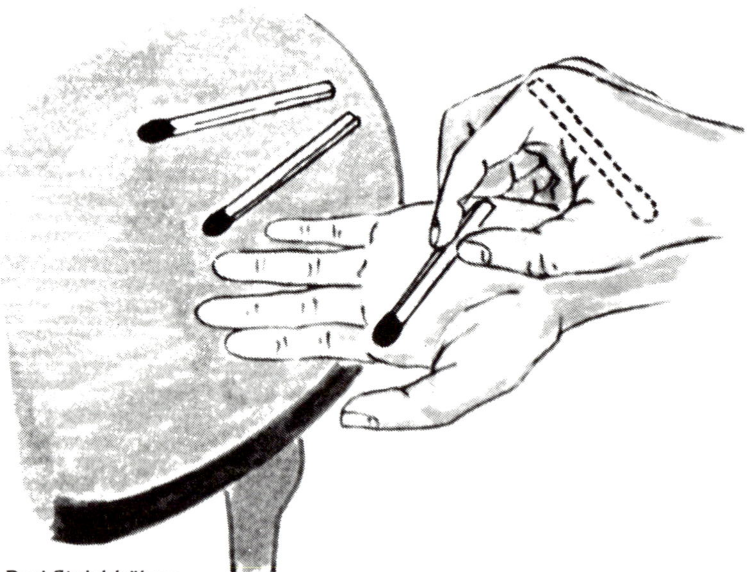

Drei Steichhölzer

Wo? Wie? Was? xx

Material:
Eine Streichholzschachtel, ein präpariertes Taschentuch.

Vorführung:
Der Zauberer legt ein Streichholz auf ein Taschentuch und zeigt beide Hände leer vor. Er nimmt nun das Taschentuch in die Hand, nachdem er es etwa zur Hälfte zusammengeschlagen hat, und gibt es einem Zuschauer zum Halten. Dieser muß das Streichholz fühlen können. Nun soll er das Holz durch das Tuch hindurch zerbrechen und das Tuch dann auf den Tisch legen. Wenn der Zauberer das Tuch öffnet, ist das Streichholz noch ganz. Das kann sogleich wiederholt werden.

Lösung:
Der Zauberer benutzt dazu ein Taschentuch mit Saum. Diese gibt es nur noch selten, so daß man den Saum eventuell selbst anfertigen muß. In allen vier Ecken des Saumes ist jeweils ein Streichholz eingelegt, das man immer wieder erneuern kann.
Wenn der Zauberer das Tuch mit dem Streichholz auf dem Tisch liegen hat, legt er es so zusammen, daß ein Zipfel – mit einem eingelegten Streichholz – zur Mitte kommt, während das lose Streichholz etwas zur Seite gerückt wird. Dieses eingenähte Holz bekommt der Zuschauer zum Zerbrechen. Da das lose Holz nicht zerbrochen wird, erscheint es beim Öffnen des Tuches unverletzt.

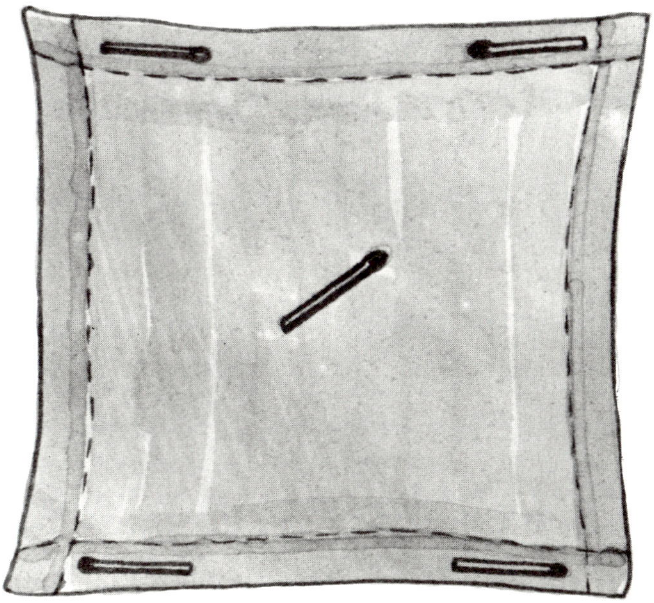

Wo? Wie? Was?

Puls steht still xx

Material:
Eine Streichholzschachtel.

Vorführung:
„Ich will Ihnen einmal einen Fakirtrick vorführen", beginnt der Zauberer. Ich kann auf Kommando meinen Puls stillstehen lassen und auf Kommando wieder in Bewegung setzen. Sie wissen bekanntlich, daß der Pulsschlag ausschlaggebend ist für das Leben, für die Gesundheit. Ich will mich nun einmal wie ein Fakir in Trance, also in einen schlafähnlichen Zustand versetzen. Sie fühlen dabei meinen Pulsschlag. Wenn Sie ihn wahrnehmen, zählen Sie langsam bis Drei. Er wird dann nicht mehr zu spüren sein und so lange wegbleiben, bis Sie wieder langsam bis Drei zählen. Bei Drei wird er dann wieder zu spüren sein.

Der Zauberer bittet einen Zuschauer zu sich und sagt: „Bitte fassen Sie meine rechte Hand am Handgelenk, und fühlen Sie den Puls. Haben Sie ihn? Dann können wir beginnen. Warten wir noch einen Augenblick, damit ich mich in Trance versetzen kann, dann fangen Sie an zu zählen, beobachten den Puls und sagen den anderen Zuschauern, ob es stimmt, was ich gesagt habe. Beginnen wir also!" Nach diesem einleitenden Vortrag soll der Zuschauer den Puls des Zauberers befühlen (Abb. 1). Es geschieht alles wie angesagt, der Puls bleibt wie gewünscht stehen und kommt dann wieder.

Lösung:
Der Zauberer hat unter die rechte Achselhöhle eine Streichholzschachtel oder einen ähnlichen festen Gegenstand geklemmt (Abb. 2). Je fester dieser Gegenstand ist, desto leichter ist die Durchfüh-

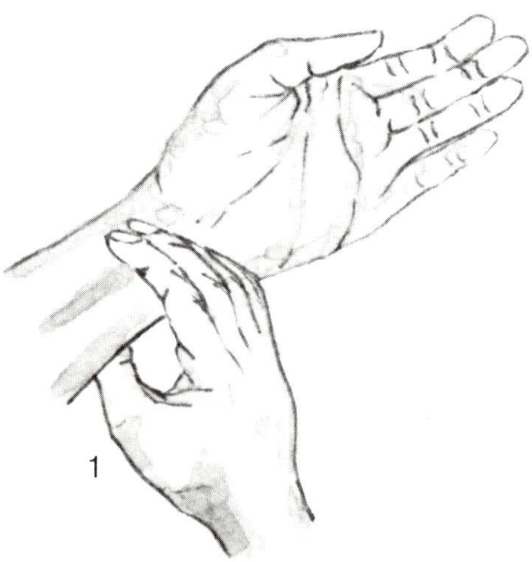

Puls steht still

rung des Tricks. Wenn der Zuschauer zu zählen beginnt, drückt der Zauberer den Oberarm langsam stark an den Körper. Dadurch wird die dort vorbeilaufende Schlagader abgedrückt, und der Puls bleibt stehen. Wenn der Zauberer dann langsam wieder den Arm lockert, kommt der Puls wieder. Das ist ein einfaches Fakirgeheimnis.

Ein Tropfen genügt x

Material:
Eine Flasche, ein Pfennigstück, ein Streichholz, ein Glas Wasser.

Vorführung:
Ein Streichholz wird in der Mitte geknickt, so daß es einen spitzen Winkel bildet. Dann legt es der Zauberer über die Öffnung eines Flaschenhalses (Abb. 1). Auf das Streichholz legt er ein Pfennigstück. Ein Zuschauer soll nun die Münze in die Flasche bringen, ohne weder sie noch das Streichholz zu berühren. Es gelingt ihm nicht, wohl aber dem Zauberer.

Lösung:
Der Zauberer taucht einen Finger in ein Glas Wasser, hält ihn über das Streichholz und läßt einen oder zwei Tropfen auf die Stelle fallen, an der das Holz geknickt ist. Die Winkelbeine werden sich dann langsam voneinander entfernen, und die Öffnung wird so groß, daß die Münze in die Flasche fällt (Abb. 2).

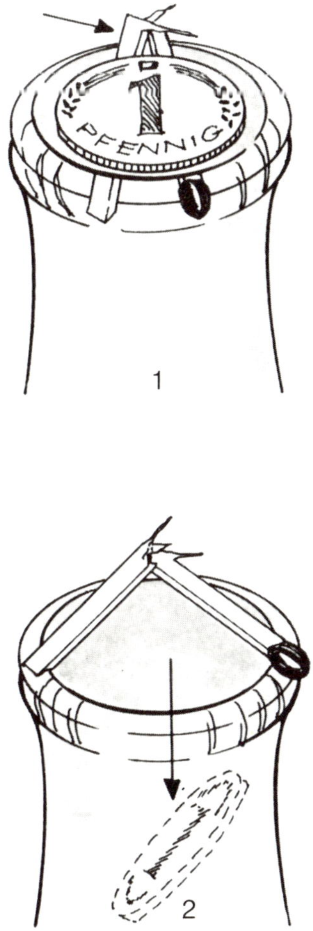

Ein Tropfen genügt

Brennendes Streichholz xxx

Material:

Eine besondere Halte- und Reibfläche.

Vorführung und Lösung:

Der Zauberer zieht ein sofort brennendes Streichholz aus dem Jacket heraus. Für diesen wirkungsvollen Trick benötigt er eine besondere Halte- und Reibfläche. Dazu entfernt er von einer Streichholzschachtel beide Seitenflächen, die er mit der Reibfläche zueinander auf drei Seiten am Rand mit Tesafilm zusammenklebt (Abb. 1). Diese Vorrichtung klebt er zusätzlich auf ein etwas dickeres Papier oder Karton, damit die Reibflächen einen festen Untergrund haben. Zwischen die Reibflächen wird zur Hälfte ein Streichholz gesteckt.

Diese Vorrichtung befestigt der Zauberer mit zwei Sicherheitsnadeln unter dem oberen Rockaufschlag, so daß das Streichholz nach unten gezogen und dabei entflammt werden kann (Abb. 1). Eventuell hält er mit der anderen Hand den Rockaufschlag etwas fest. Man kann die Vorrichtung auch an der Krawatte anbringen (Abb. 2).

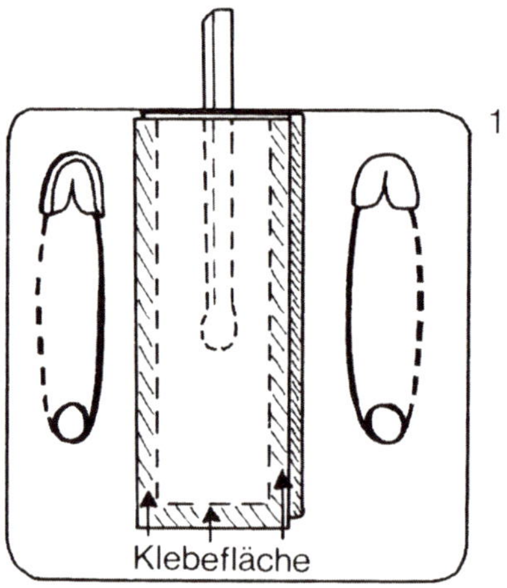

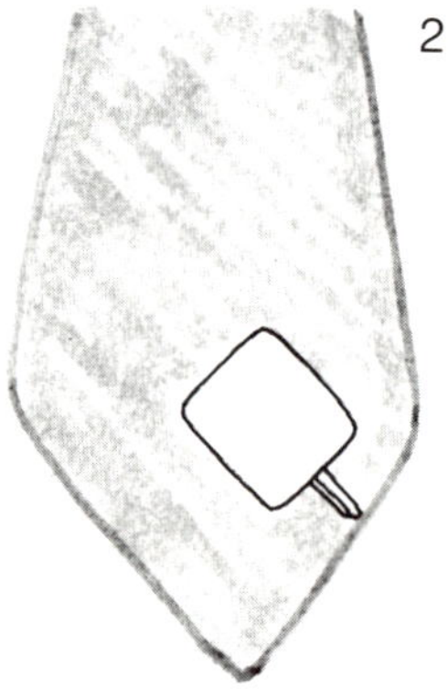

Brennendes Streichholz

Seiltricks

Kann ein Fakir einen Menschen an einem frei in der Luft stehenden Seil verschwinden lassen? Diese Frage beflügelt die Phantasie der Europäer seit Generationen, und es gibt darüber widersprüchliche Berichte. Doch wir wollen unsere Seiltricks bescheiden anfangen, mit Knoten, die keine sind, mit Verschlingungen, die sich von allein lösen. Wie man mit einem Seil zaubern kann, zeigen die folgenden Beschreibungen.

Auch Seiltricks gehören zum Repertoire eines jeden Zauberers. Die Seile sollten weich und glatt sein, sie lassen sich bei den Tricks dann besser handhaben.

Ringfesselung x

Material:
Ein Seil, etwa 1,2 m lang, ein Ring von etwa 15 cm Durchmesser.

Vorführung:
Der Zauberer legt die beiden Enden des Seils in die linke Hand und steckt sie durch den Ring (Abb. 1). Nach einer Abwärtsbewegung des Ringes ist dieser plötzlich gefesselt (Abb. 2). Versuche der Zuschauer werden fehlschlagen, obwohl der Zauberer den Trick wiederholt vorführt.

Lösung:
Der Zauberer zeigt zunächst den Ring auf dem Seil wie in Abb. 1 dargestellt; der Ring zeigt dabei nach oben. Dann dreht er plötzlich den Ring so, daß der obere Teil (Abb. 1) nach unten (Abb. 3) zeigt, und zugleich wird der Ring schräg gehalten. In dieser Stellung wird er dann schnell nach unten geführt. Dabei bildet sich von allein die Schlinge, die den Ring fesselt.

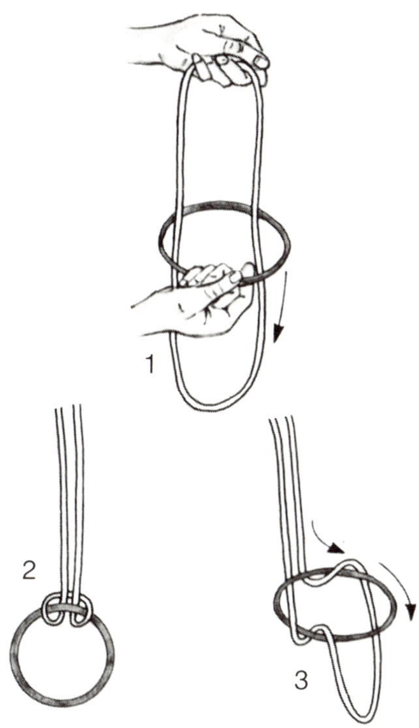

Ringfesselung

Knoten auflösen xx

Material:
Ein 1 m langes Seil.

Vorführung:
Mit einem Seil fertigt der Zauberer drei bis vier Knoten, die aber nicht festgezogen sind, sondern je eine etwa 10 cm lange Schlinge bilden (Abb. 1). Dies wird den Zuschauern gezeigt: „Können Sie mir einen Vorschlag machen, wie man diese Knoten möglichst schnell wieder lösen kann, ohne natürlich jeden Knoten einzeln aufzuknoten?" fragt der Zauberer. Natürlich wird kein Zuschauer einen geeigneten Vorschlag machen können. Der Zauberer findet jedoch eine Möglichkeit.

Lösung:
Der Zauberer erfaßt das bei der Knotenbildung verbliebene Seilende (Abb. 1a). Nachdem er die Schlingen zusammengeholt hat, damit sie nicht zu weit auseinanderstehen, steckt er dieses Ende durch die Schlingen (Abb. 2). Beim Weiterziehen lösen sich die Knoten sofort.

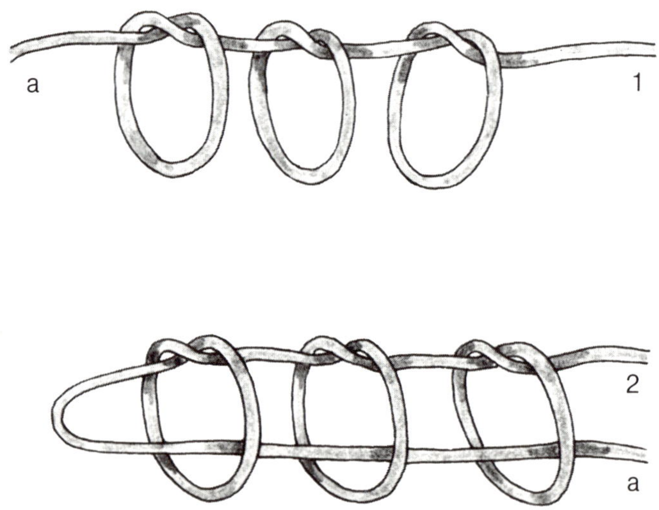

Knoten auflösen

Befreiung aus der Schlinge xx

Material:
Eine etwa 1 m lange Schnur sowie eine etwa 2 m lange Schnur.

Vorführung:
Der Zauberer läßt sich mit der kürzeren Schnur an den Handgelenken fesseln. Der Abstand der Hände zueinander beträgt etwa 50 cm (Abb. 1). Die Knoten können auch versiegelt werden. Dann wird die längere Schnur über die Fessel gelegt. Die beiden Enden hält ein Zuschauer fest. Der Zauberer kann sich aus dieser Schlinge befreien, ohne seine Fessel zu lösen.

Lösung:
Der Zauberer dreht sich um, damit die Zuschauer nicht sehen können, wie er sich befreit. Er zieht nun den mittleren Teil der Schlinge (c), ohne diesen zu verdrehen, unter der Handfessel (a) durch und legt ihn dann über die Hand (Abb. 2). Dann steckt er die Hand hindurch (Abb. 3), und das vom Zuschauer gehaltene Seil ist frei. In diesem Augenblick dreht sich der Zauberer wieder um und gibt das befreite Seil dem Zuschauer.

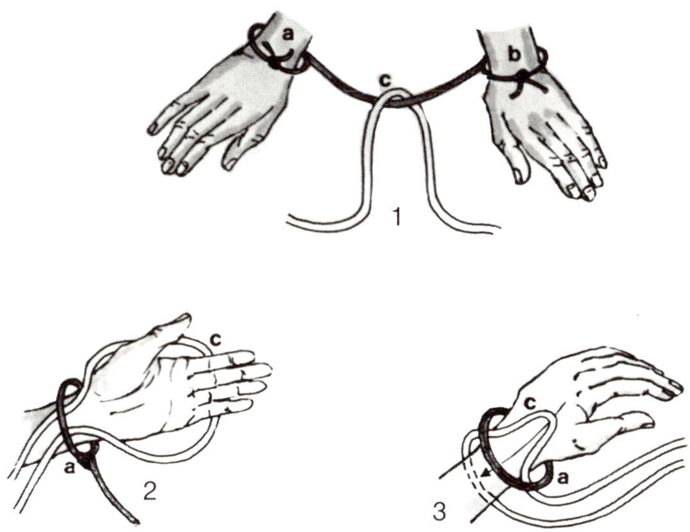

Befreiung aus der Schlinge

Zwei Knoten xx

Material:
Ein 1 m langes Seil.

Vorführung:
Der Zauberer schlingt auf magische Weise zwei Knoten.

Lösung:
Der Zauberer legt in die linke Hand die gekreuzten Enden des Seils (Abb. 1), faßt mit der rechten Hand die herabhängende Seilmitte (Abb. 2), spreizt Daumen und Zeigefinger dabei ab und legt diesen Teil des Seils nach oben (Abb. 3). Mit der rechten Hand greift er dann von der Seite in diese Schlinge (Abb. 4), nimmt das Ende a dabei mit und führt es durch die Schlinge (Abb. 5 und Abb. 6). Wenn er dann die beiden Enden auseinanderzieht (Abb. 7), bilden sich zwei Knoten (Abb. 8).

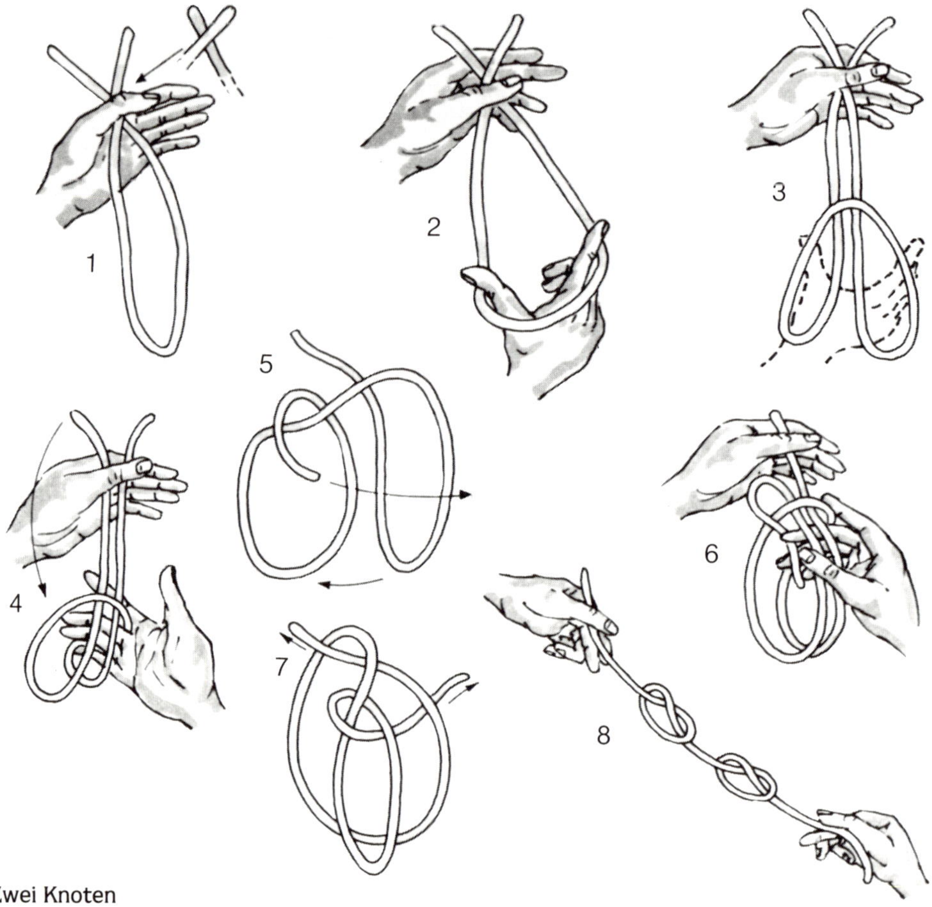

Zwei Knoten

Schneller Knoten xx

Material:
Ein Seil.

Vorführung:
Der Zauberer schlingt ganz schnell einen eigenartigen Knoten, indem er nur die Hände zusammenführt.

Lösung:
Die linke Hand hält das Seilende etwa 20 cm vom einen Ende entfernt, und zwar so, daß das Handinnere zum Zauberer gewendet ist (Abb. 1). Die rechte Hand faßt das andere Ende wie dargestellt. Jetzt dreht der Zauberer die rechte Hand so nach innen, daß diese Hand wie bei Abb. 2 zu liegen kommt.
Bisher wurden die Bewegungen langsam vorgeführt; die restlichen erfolgen schneller. Die Hände werden zusammengebracht, und zwar die rechte Hand hinter die linke Hand. Dabei sind die Finger wie in Abb. 3 zu halten. Die Enden werden nun erfaßt und die Hände auseinandergezogen (Abb. 4). Es erscheint der Knoten.

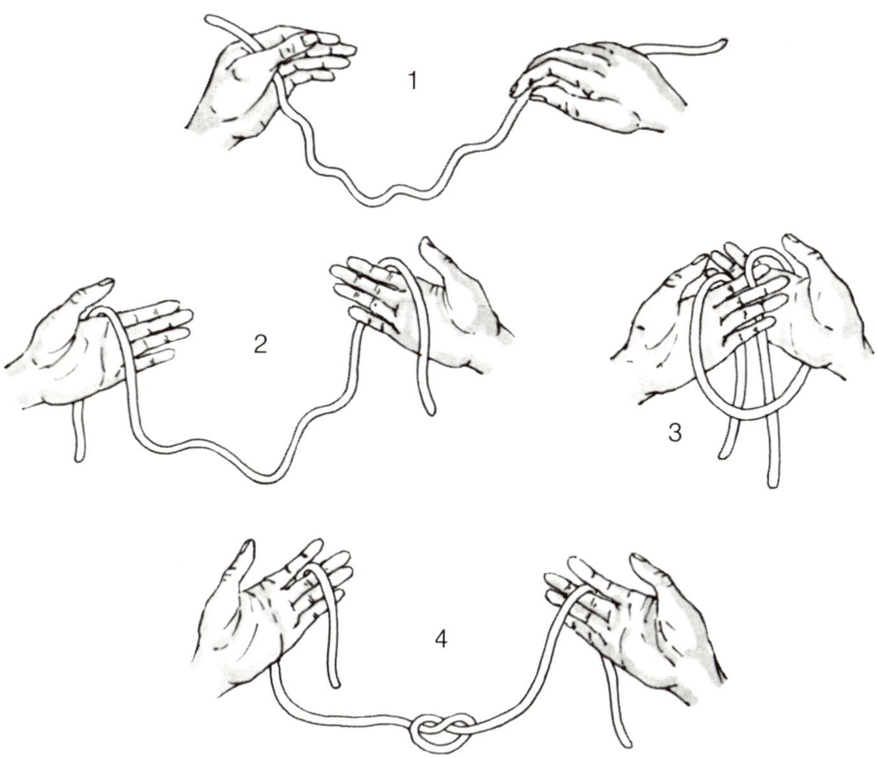

Schneller Knoten

Knotenzauber xx

Material:
Ein 3 bis 4 m langes, weiches, etwa 5 mm dickes Seil.

Vorführung:
Der Zauberer wickelt ein vorher von den Zuschauern untersuchtes Seil um die linke Hand und wirft es dann in die Luft. Es erscheint eine Anzahl von Knoten auf dem Seil.

Lösung:
Der Zauberer ergreift das Seil mit beiden Händen, und zwar mit der linken etwa 25 cm vom Ende a und mit der rechten etwa 50 cm von der linken Hand entfernt (Abb. 1). Er führt mit der rechten Hand eine Drehung nach links in Pfeilrichtung aus (Abb. 2). Es entsteht eine große Schleife, die er über die linke Hand legt (Abb. 3). Die rechte Hand läßt das Seil los, greift es etwa 40 cm von der linken Hand entfernt erneut und legt in der gleichen Weise die zweite Schlinge über die linke Hand (Abb. 4). Das wird wiederholt, bis das ganze Seil um die linke Hand gelegt ist (Abb. 5). Da der Durchmesser der Schlinge jedesmal etwas kleiner werden muß, erfaßt der Zauberer das Seil in immer kürzeren Abständen zur linken Hand.
Schließlich nimmt der Zauberer das Ende b mit dem Mittel-und Ringfinger der linken Hand und schleudert das Seil über das gehaltene Ende b hinweg in die Luft. Infolge dieser Bewegung laufen nun sämtliche Schlingen über das Ende b, und sofort bilden sich auf dem Seil soviel Knoten, wie Schlingen gelegt wurden (Abb. 6).

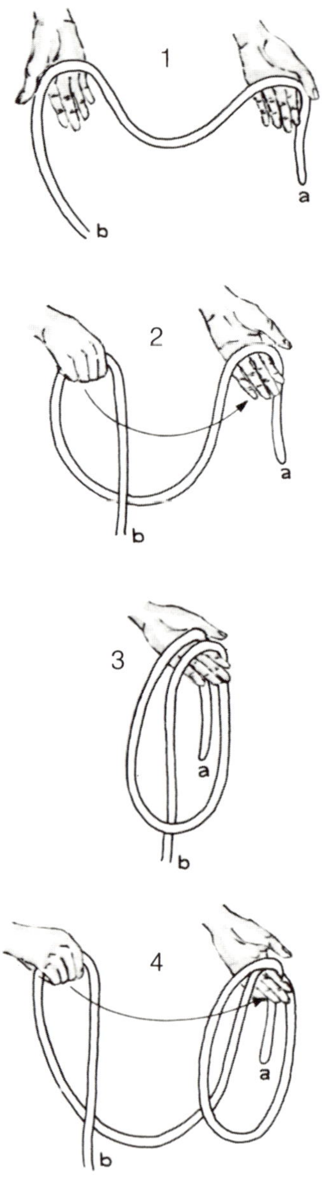

Knotenzauber

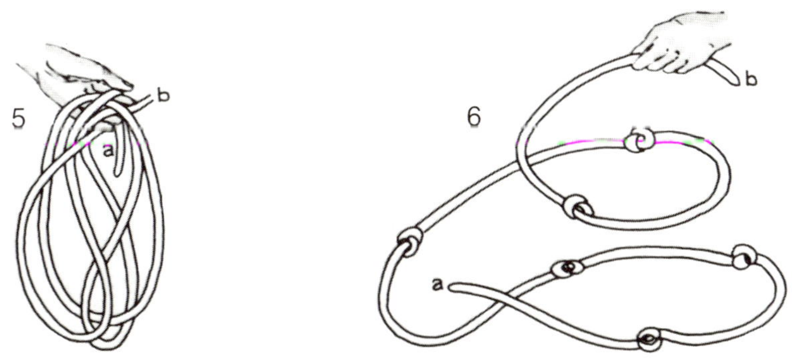

Knotenzauber

Schlinge – Schere x

Material:
Eine Schere, eine 1 m lange Schnur.

Vorführung:
Der Zauberer legt die Schnur doppelt und steckt die Schlinge von unten durch das Fingerloch einer Schere. Dann führt er die beiden Enden durch die Schlinge und steckt sie von oben durch das zweite Fingerloch (Abb. 1.) Nun bindet er die Enden an einer Stuhllehne fest. „Kann man die Schere aus der Schlinge lösen, ohne sie loszubinden?" fragt der Zauberer, und schon hat er es geschafft.

Lösung:
Der Zauberer ergreift die Schlinge aus dem ersten Fingerloch und zieht sie auch durch das zweite (Abb. 2), und zwar so weit, daß er sie um Spitze und Griff der Schere herumführen kann (Abb. 3). Dann läßt sich die Schnur mühelos durch die Fingerlöcher herausziehen. Der Zauberer muß nur aufpassen, daß die Fäden nebeneinander liegen und sich nicht verheddern.

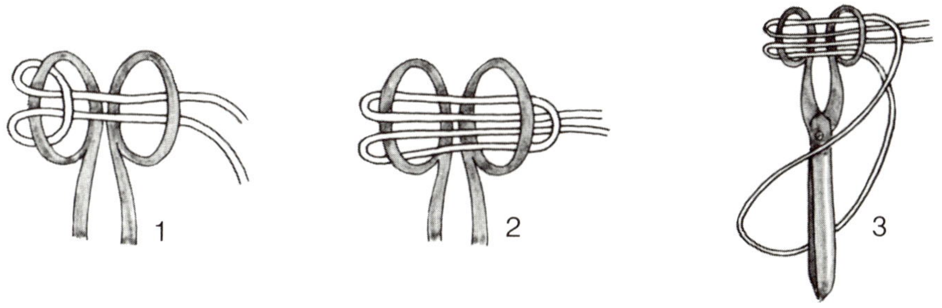

Schlinge – Schere

Ein Knoten dazwischen xx

Material:

Ein etwa 1 m langes Seil.

Vorführung:

„Nehmen Sie einmal an, Ihre Hände seien gefesselt. Die Fessel sei auch versiegelt, zur Kontrolle, daß Sie die Knoten an den Handgelenken nicht öffnen können. Wird es Ihnen trotzdem gelingen, in die Mitte der Fessel (Abb. 1 a) einen Knoten zu bringen?" Die Zuschauer halten das natürlich nicht für möglich. Dem Zauberer aber gelingt der Trick natürlich.

Lösung:

Der Zauberer dreht sich mit dem Rücken zu den Zuschauern. Er faßt das Seil bei a (Abb. 1) und dreht es hier zunächst eineinhalbmal um sich selbst (Abb. 3). Dann wird dieser gedrehte Teil unter die Fessel der linken Hand gezogen, über diese Hand gelegt und wieder unter der Fessel zurückgezogen (Abb. 2). Es hat sich dabei ein Knoten gebildet.

Mit etwas Übung läßt sich dieser Trick sehr schnell vorführen und ist wirklich überraschend.

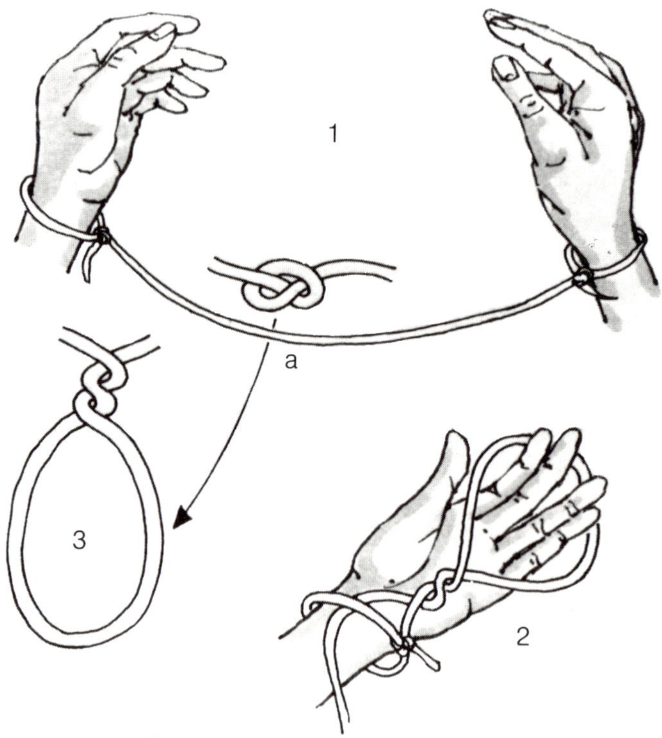

Ein Knoten dazwischen

Zaubereien mit Münzen

Münzen eignen sich für Taschenspielereien besonders gut: Sie sind klein, handlich und lassen sich leicht verbergen. Ganz abgesehen von einer gewissen „Magie", die man dem Geld ohnehin nachsagt …

1

2

3

Hutdurchdringung

Hutdurchdringung x

Material:
Ein Hut, zwei große Münzen.

Vorführung und Lösung:
Der Zauberer hält die Münze im rechten Winkel gegen den Boden des Hutes (Abb. 1) und schiebt sie scheinbar durch die Hutwandung (Abb. 2). In Wirklichkeit gleitet die Münze in den Handteller zurück (Abb. 3). Der Zauberer holt nun einen Zauberstab aus der Tasche und läßt dabei die Münze in die Tasche fallen. Gleichzeitig läßt die linke Hand eine verborgene Münze in den Hut fallen.

Geheftetes Geldstück xx

Material:
Heftklammern und eine Heftmaschine, ein Fünfmarkstück, ein Blatt Papier (7 cm x 15 cm), ein Briefumschlag.

Vorführung:
Ein Papier wird gefaltet und ein größeres Geldstück hineingelegt. Das Papier wird ringsum mit der Heftmaschine verschlossen. Ein Zuschauer prüft, ob das Geldstück noch darin ist. Dann wird das Päckchen in einen Umschlag getan. Nach einem Zauberspruch wird das Papier wieder hervorgeholt und zerrissen. Das Geldstück ist nicht mehr darin.

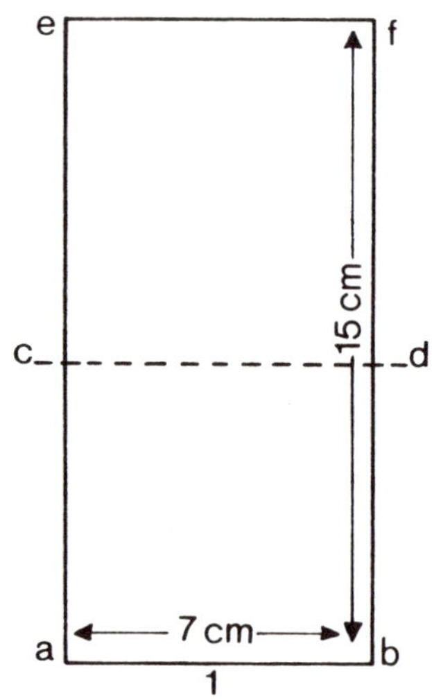

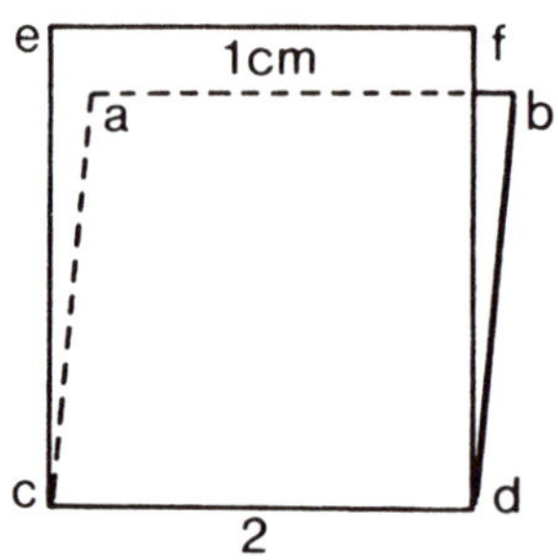

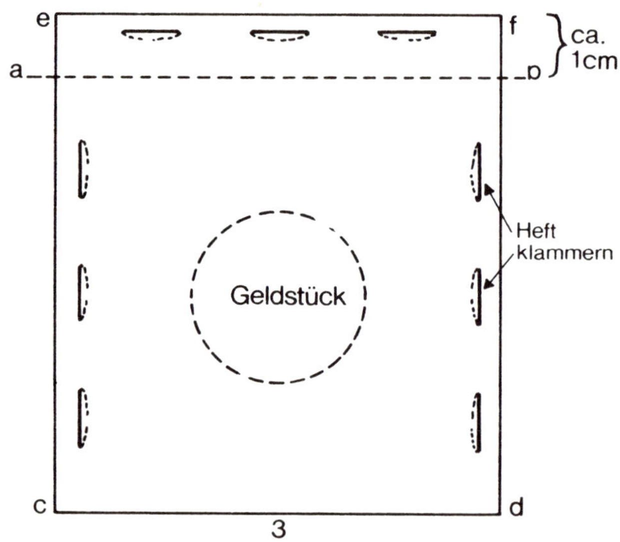

Geheftetes Geldstück

Lösung:
Der Zauberer nimmt das Papier und faltet es so, daß man annimmt, es würde genau in der Mitte gefaltet; in Wirklichkeit ist der eine Teil etwa 1 cm länger (Abb. 2). Den längeren Teil (c, d, e, f) legt er über den etwas kürzeren Teil (a, b, c, d). Er zeigt das gefaltete, noch geöffnete Papier vor und legt dann das Geldstück hinein. Jetzt wird das Papier zusammengelegt (größerer Teil obenauf) und an den Seiten festgeheftet (Abb. 2). Nun läßt der Zauberer das Geldstück nochmals fühlen. „Selbstverständlich können wir auch die gefaltete Seite (Abb. 2, c-d) noch heften", sagt er und handelt entsprechend. Dann läßt er das Geldstück nochmals fühlen. Er zeigt einen Briefumschlag leer vor und legt das geheftete Papier hinein.
Das Papier ist ja bei e-f nur scheinbar zusammengeheftet. Wenn nun das Papier in den Umschlag gelegt wird, hält es der Zauberer so in der rechten Hand, daß dieser offene Teil nach unten, also in seine Hand, zeigt. Das Geldstück fällt in die Hand, was die Zuschauer nicht sehen können. Der Zauberer nimmt den Umschlag dann in die linke Hand und legt ihn auf den Tisch, während die rechte Hand in die Tasche greift, dabei das Geldstück ablegt und den Zauberstab hervorholt. Nach einem Zauberspruch nimmt der Zauberer den Umschlag, holt das Papier heraus und zerreißt es in kleinste Stücke. Das Geldstück fehlt. Das Zerreißen ist notwendig, damit niemand hinterher das Papier untersuchen kann.

Münze durch das Glas xx

Material:
Ein mit Wasser gefülltes und ein leeres Weinglas, ein Bierdeckel, eine Münze, eine Glasscheibe in der gleichen Größe, ein kleines Tuch, ein Bleistift.
Vorführung:
Ein leeres Wasserglas bedeckt der Zauberer mit einem Bierdeckel und stellt darauf ein zweites, mit Wasser gefülltes Glas. In das obere Glas wirft ein Zuschauer eine mit Bleistift gekennzeichnete Münze. Diese durchdringt den Boden des Glases sowie den Bierfilz und fällt in das untere, leere Glas. Die Münze wird vom Zuschauer herausgenommen, es ist die gezeichnete.
Lösung:
Der Zauberer läßt die Münze mit einem Bleistift kennzeichnen und zeigt die Gläser und den Bierdeckel vor. Inzwischen versteckt er in der rechten Hand unbemerkt die Glasscheibe. Nun erfaßt er mit Daumen und Zeigefinger dieser Hand die

Münze durch Glas

Münze, nimmt das Tuch und deckt dieses über das Geldstück. Mit der linken Hand ergreift er das Tuch mit der darunter befindlichen Münze. Dabei tauscht er unter Deckung des Tuches das Geldstück gegen die Glasscheibe aus. Dann gibt er das Tuch mit der Glasscheibe einem Zuschauer zum Halten. Mit den Fingerspitzen der rechten Hand hält der Zuschauer den Münzenrand (Glasscheibe), mit der linken umschließt er das herunterhängende Tuch.

Der Zauberer ergreift mit der linken Hand den Bierdeckel, legt diesen in die rechte Hand, wobei der palmierte Taler unter den Bierdeckel kommt, und legt das ganze über die Öffnung des Glases. Die Münze liegt jetzt auf dem Rand des Glases und wird vom Bierdeckel gehalten und verdeckt. Jetzt stellt der Zauberer das mit Wasser gefüllte Glas auf den Bierdeckel, zeigt seine Hände leer vor und bittet den Zuschauer, seine linke Hand vom Tuch zu nehmen. Er soll das Tuch mit dem darunter befindlichen „Geldstück" über das Glas halten und die „Münze" auf Kommando in das Glas fallen lassen. Der Zauberer zählt bis zwei, hebt einen Zipfel des Tuches hoch, läßt noch einmal die Gläser sehen und zählt „drei". Der Zuschauer läßt das vermeintliche Geldstück fallen. Sobald es im Glas klingt, schiebt der Zauberer mit der den Tuchzipfel haltenden Hand den Bierdeckel ein wenig zu Seite, so daß die echte Münze in das untere Glas fällt. Das Tuch wird fortgenommen, die Zuschauer dürfen von oben in das obere Glas sehen. Der Bierdeckel wird vom unteren Glas gehoben und das Geldstück herausgenommen. Es ist das gezeichnete.

Münzenbefreiung xx

Material:
Ein Tuch, eine Münze.

Vorführung:
Der Zauberer wickelt eine Münze fest in ein Tuch, indem er dieses unterhalb der Münze strickartig zusammendreht. Obwohl er nun den zusammengedrehten Teil des Tuches von einem Zuschauer halten läßt, befreit er die Münze aus dem Tuch.

Lösung:
Der Zauberer ergreift eine Münze und bedeckt sie mit einem Tuch (Abb. 1). Dann erfaßt er die Münze durch das Tuch mit dem Zeige- und Mittelfinger (Abb. 2) und kippt Münze und Tuch, indem er die Hand in Pfeilrichtung dreht, derart, daß der vordem nach oben zeigende Rand der Münze nun nach unten zeigt. Hierdurch entsteht die in Abb. 3 dargestellte Haltung der Münze. Der Zauberer ergreift nun den herunterhängenden Zipfel des Tuches und schlägt ihn in Pfeilrichtung nach oben, so daß er über dem Zipfel b zu liegen kommt (Abb. 4). Hierdurch sehen die Zuschauer, daß sich die Münze tatsächlich im Tuch befindet. Durch Senken der Hand schleudert der Zauberer nun die auf dem Arm liegenden Tuchzipfel a und b über die Münze, so daß die Zipfel über der Münze herunterhängen (Abb. 5). Schließlich dreht der Zauberer unterhalb der Münze das Tuch zusammen (Abb. 6).

Durch Manipulation befindet sich die Münze in einer äußeren Tasche und kann vom Zauberer, obgleich ein Zuschauer die Zipfel des Tuches hält, aus dem Tuch genommen werden (Abb. 7).

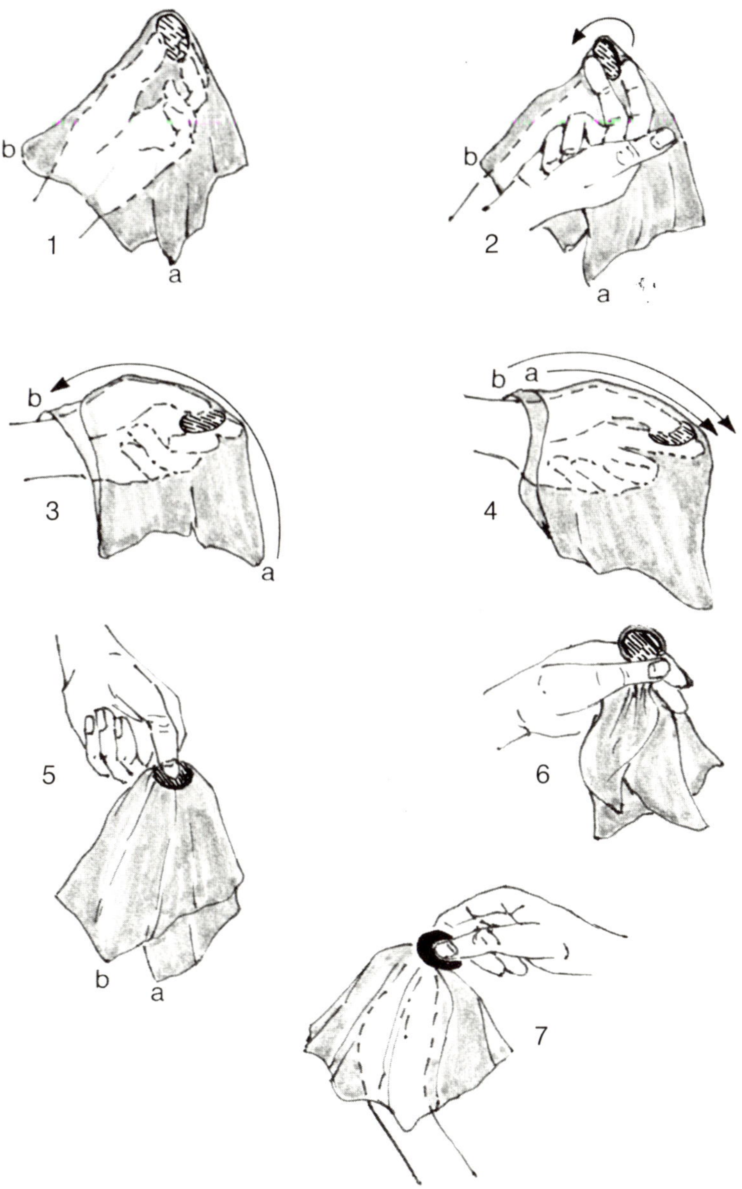

Münzenbefreiung

Münzenwanderung xxx

Material:
Ein Spezialständer, vier Zehnpfennigstücke, ein Tuch.

Vorführung:
Auf einem schwarzen Ständer befinden sich vier Münzen (Abb. 1). Der Zauberer nimmt nacheinander alle vier Münzen und läßt sie in der Luft verschwinden. Dann wird ein Tuch über den Ständer gedeckt. Der Zauberer holt jetzt einzeln die Münzen angeblich aus der Luft zurück und „wirft“ sie gegen den verdeckten Ständer. Er nimmt das Tuch ab – die vier Münzen sind tatsächlich wieder da.

Lösung:
Der Ständer ist so gebaut, daß die vier Münzen auf einem Vorsprung gehalten werden (Abb. 2). Auf der Rückseite des Ständers (b) ist eine Art Tasche mit einem Filzstreifen angebracht. Ergreift der Zauberer die Münzen von der Vorderseite (a), bringt er sie unauffällig in die Tasche auf der Rückseite. Die Hand hält der Zauberer dabei so, als würde sich die Münze darin befinden (Abb. 3). Er greift in die Luft, macht eine wegwerfende Bewegung und zeigt die Hand leer vor. Das wiederholt sich bei allen Münzen. Dann wird ein Tuch über den Ständer gelegt. Unter Deckung des Tuches dreht der Zauberer den Ständer so, daß die Seite c (Abb. 2) nach vorn kommt. Hier sind vier Zehnpfennigstücke aufgeklebt.
Jetzt macht der Zauberer viermal eine Bewegung mit der Hand, als würde er die Münzen aus der Luft holen und gegen den Ständer werfen. Dann wird das Tuch abgenommen: Die vier Zehnpfennigstücke sind wieder auf ihrem Platz!

1

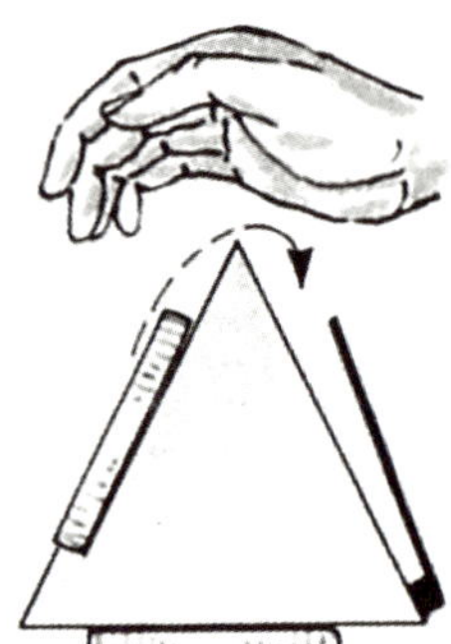
3

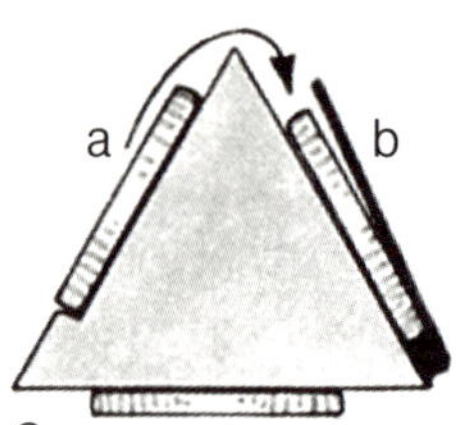

2 c

Münzenwanderung

Das Wunder der Mark xxxx

Material:
Ein kleines Tuch, zwei Markstücke, ein Weinglas, ein Taschentuch (vom Zuschauer), ein kleiner Gummiring.

Vorführung:
Der Zauberer leiht sich ein Markstück, läßt es kennzeichnen und wirft es in ein leeres Weinglas. Er geht nun zu einem Zuschauer und erbittet sich ein Taschentuch, das er über das Glas deckt. Damit die Münze auf keinen Fall aus dem Glas verschwinden kann, strafft der Zauberer das Tuch und zieht ein kleines Gummibändchen, das er seiner Tasche entnimmt, darüber.
Der Zauberer schüttelt das Glas, und man hört die Münze deutlich klingen. Das Tuch kann an den Enden auch gelüftet werden, um zu zeigen, daß sich die Münze noch im Glas befindet. Plötzlich zieht der Zauberer das Tuch vom Glas weg – die Münze ist verschwunden. Sie befindet sich in der Brusttasche des Zuschauers, der sein Tuch zur Verfügung gestellt hat. Es ist die gezeichnete Mark.

Lösung:
Vor Beginn der Vorstellung steckt der Zauberer ein Markstück in den linken Ärmel. Während er sich ein weiteres Markstück borgt und es zeichnen läßt, senkt er die linke Hand und läßt das im Ärmel verborgene Markstück ins Handinnere gleiten. Mit der rechten Hand nimmt er das Markstück vom Zuschauer entgegen und legt es scheinbar in die linke Hand. In Wirklichkeit palmiert er es jedoch in der rechten Hand und zeigt das Geldstück aus der linken als das gezeichnete vor. Der Griff ist sehr leicht, muß aber etwas geübt werden.
Dieses Markstück wirft der Zauberer in das Weinglas. Dann bittet er einen Zuschauer, ihm ein Taschentuch zu leihen. Ohne dessen Zustimmung erst abzuwarten, zieht er es mit der rechten Hand aus der Brusttasche, während er gleichzeitig die palmierte Münze in die Tasche steckt. Ist die Münze im Glas, wird das Tuch darübergelegt und die Öffnung außerdem mit einem sehr kleinen Gummiring verschlossen. Nun zieht der Zauberer auf der dem Zuschauer abgewendeten Seite das Tuch oberhalb des Gummis etwas nach hinten, indem er es am Rand des Glases faßt. Dadurch bildet sich ein kleines Säckchen, das hinten, also von den Zuschauern ungesehen, herunterhängt. Nun ergreift der Zauberer unter dem Tuch das Glas und schüttelt es, so daß die Münze klingt. Er wiederholt dies einige Male und schleudert die Münze dann nach hinten, so daß sie in das Säckchen fällt. Mit der anderen Hand ergreift er rasch das Tuch am vorderen, also dem Zuschauer zugewendeten Ende und zieht es rasch nach hinten über das Glas weg. Dadurch springt der Gummiring vom Glas und schließt die Münze im Tuch ein.
Während der Zauberer nun den Zuschauer bittet, die Münze aus seiner Tasche zu nehmen, ist es nicht schwer, die andere Münze aus dem Tuch zu entfernen. Dieses wird nun dem Zuschauer zurückgegeben.

Münze im Umschlag xxx

Material:
Zwei Münzen, zwei Briefumschläge, ein Tuch.

Vorführung:
Der Zauberer gibt einem Zuschauer eine Münze, die dieser kennzeichnen soll. Die Münze wird in einen vorher untersuchten Umschlag gesteckt und dieser sichtbar aufgestellt. Ein untersuchtes Tuch wird zusammengefaltet, zusammengerollt und einem zweiten Zuschauer zum Halten gegeben (Abb. 1). Der Zuschauer darf nochmals die Münze im Umschlag fühlen. Dann schlingt der Zauberer in das zusammengerollte Tuch einen Knoten (Abb. 2). Den vom Zuschauer zurückerhaltenen Umschlag zerreißt der Zauberer – die soeben gefühlte Münze fehlt. Der Zuschauer, der das verknotete Tuch hält, soll dieses öffnen. Es erscheint daraus die gekennzeichnete Münze.

Lösung:
Auf dem Tisch liegen zwei Umschläge, davon hat einer an der unteren Kante einen Einschnitt (Abb. 3), der mit Hilfe einer Rasierklinge angebracht worden war. Der Zuschauer erhält den unvorbereiteten Umschlag zur Untersuchung, und dieser Umschlag wird auf den Tisch gelegt.

Der Zauberer läßt sich eine Münze geben, die gekennzeichnet wird. Dann nimmt er vom Tisch den Umschlag mit dem Einschnitt, in den die gezeichnete Münze scheinbar gelegt wird. Aber statt dessen wird eine andere, in der Hand versteckte Münze in den Umschlag geworfen, die gekennzeichnete Münze dagegen in der Hand versteckt.

Das Tuch faltet der Zauberer nach Prüfung diagonal zusammen. Beim Zusammenrollen (Abb. 1) wird das gekennzeichnete Geldstück heimlich in die Mitte des Tuches gelegt. Nun kommt noch ein Knoten hinein (Abb. 2), und das Tuch wird von dem Zuschauer gehalten.

Jetzt ergreift der Zauberer wieder den präparierten Umschlag, und ein Zuschauer soll die Münze darin fühlen. Dann läßt der Zauberer durch den Einschnitt die Münze unauffällig in seine Hand gleiten, zerreißt sichtbar den Umschlag und wirft ihn in Richtung zum Zuschauer. Zugleich soll ein anderer Zuschauer das verknotete Tuch auswickeln: Die gekennzeichnete Münze erscheint daraus.

1

2

3

Münze im Umschlag

Silber – Kupfer xxx

Material:
Eine Silbermünze, eine Kupfermünze.

Vorführung:
Eine Silbermünze und eine Kupfermünze wechseln auf geheimnisvolle Weise von einer Hand des Zauberers in die andere.

Lösung:
In der rechten Hand werden eine Kupfer- und eine Silbermünze gezeigt (Abb. 1). Der Zauberer legt nun scheinbar die Kupfermünze in die linke Hand (Abb. 2). In Wirklichkeit kippt er die Münze jedoch zwischen Mittel- und Ringfinger der rechten Hand und klemmt sie da fest (Abb. 3). Die

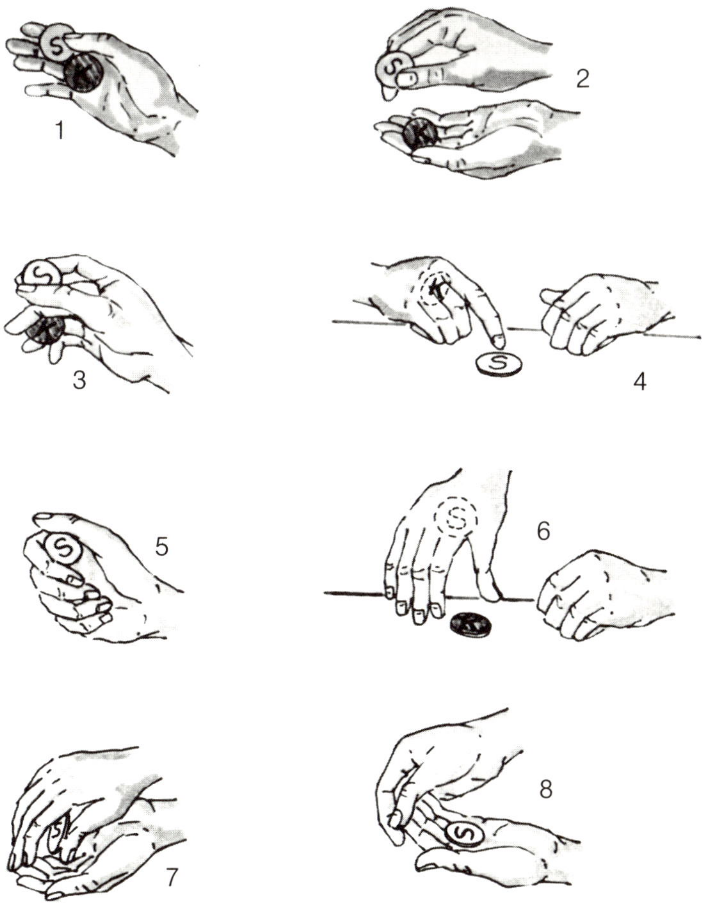

Silber – Kupfer

linke Hand wird bei dieser Bewegung sofort geschlossen. Die nun noch sichtbare Silbermünze legt der Zauberer auf den Tisch (Abb. 4, S. 85). Dabei hält er die rechte Hand so natürlich wie möglich und dreht mit ihr die Silbermünze auf dem Tisch einige Male um. Dann nimmt er mit der rechten Hand die Münze vom Tisch und schließt die Hand zur Faust. Dabei dürfen die beiden Münzen nicht gegeneinander schlagen, da sie sonst durch das „Klick"-Geräusch den Trick vorzeitig verraten. Während der Zauberer die rechte Hand schließt, palmiert er die Silbermünze mit dem Daumen (Abb. 5, S. 85). Nun bringt der Zauberer beide Fäuste mit einer schwingenden Bewegung zusammen und sagt: „Hier habe ich nun die Kupfermünze!" Dabei legt er die Kupfermünze aus der rechten Hand auf den Tisch (Abb. 6, S. 85). Nun dreht er die linke Hand um und öffnet mit der rechten Hand die Finger der linken Faust (Abb. 7, S. 85). Dabei läßt er die Silbermünze in die linke Hand fallen. Und nun kann er sagen: „Und hier habe ich die Silbermünze!" (Abb. 8, S. 85).

Dies ist ein wirklich wunderbarer Trick, der es wert ist, ausprobiert und einstudiert zu werden. Anstelle von Münzen kann man selbstverständlich auch Spielmarken oder ähnliche kleine Gegenstände verwenden.

Kartentricks

Wer hat nicht schon einmal einen Zauberer bewundert, der mit spielerischer Leichtigkeit ein Kartenspiel von einer Hand in die andere fließen läßt? Diese wirkungsvolle Einleitung der Vorführung und viele verblüffende Tricks wurden hier zusammengestellt, damit Sie sich die zu Ihnen passenden aussuchen können. Nicht alle werden Ihnen liegen, und Sie sollten sich auch nicht zu viel auf einmal vornehmen. Es ist besser, wenn Sie zuerst einen bestimmten Trick üben, bis Sie ihn beherrschen. Das schafft zugleich die beste Voraussetzung für ein schnelles Erlernen anderer Kartenkunststücke.

Ausfächern umdrehen

Ein wirkungsvoller Kartentrick: Der Zauberer legt alle Karten mit den Bildrücken nach oben in einer „Straße“ auf den Tisch aus, so daß die einzelne Karte jeweils die vorhergehende etwa zu drei Vierteln bedeckt. Dann hebt der Zauberer die rechte Flügelkarte langsam an und kippt sie um. Dabei drehen sich automatisch in einer Wellenbewegung alle anderen Karten ebenfalls um. Vom gleichermaßen sauberen Ausfächern der Karten hängt die richtige Wirkung der Umdrehung ab, deshalb muß dieser Griff gut geübt werden. Er ist besonders geeignet, um zu Beginn eines Tricks zu zeigen, daß es sich um ein normales Kartenspiel handelt.

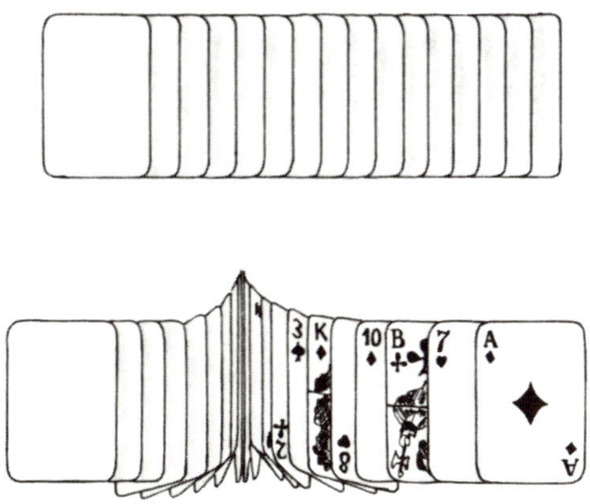

Ausfächern – umdrehen

Bogenmischen

Auch dieser Kartengriff gehört zum Grundrepertoire eines jeden Zauberers. Man nimmt den in zwei Hälften geteilten Kartenstoß mit beiden Händen auf, biegt die Karten durch und läßt sie von der linken und rechten Hand im Wechsel aufeinander fallen (Abb. 1 u. 2). Die Handhaltung ist aus Abb. 1 ersichtlich.

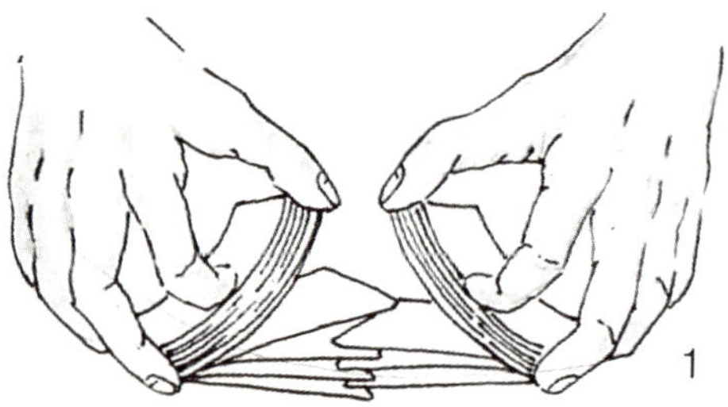
1

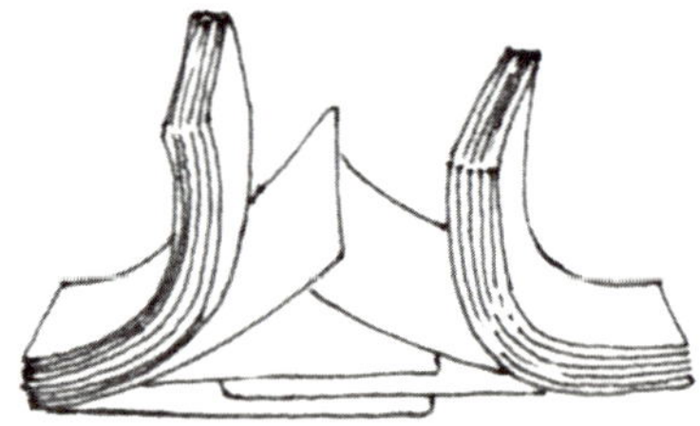
2

Bogenmischen

Kartensprudeln

Das Kartensprudeln soll jeder Zauberer beherrschen. Es wird nicht als Trick verwendet, aber bei der Eröffnung eines Tricks ist es wirkungsvoll, die Karten so von einer Hand in die andere springen zu lassen. Die Karten sind dazu mit der rechten Hand stark durchzubiegen, denn so erhalten sie die nötige Spannung. Anfangs sollte man das Absprudeln ohne Auffangen mit der rechten Hand in einer Sofaecke üben. Wenn man das gleichmäßige Sprudeln dann beherrscht, übt man das Auffangen mit der gewölbten linken Hand. Ausgegangen wird von einer Entfernung von 10 cm, dann vergrößert man den Abstand.

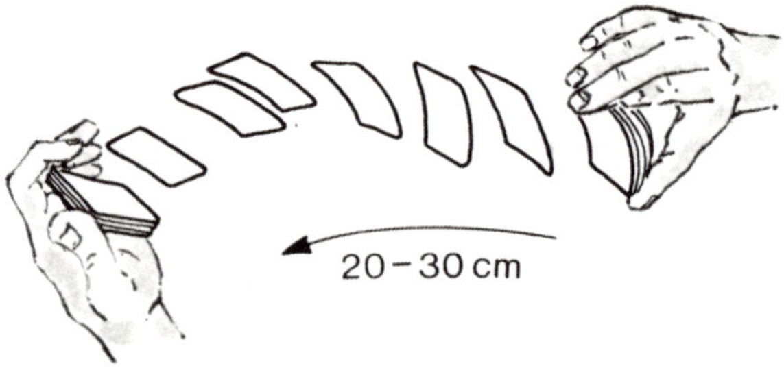

Kartensprudeln

Zweihandvolte

Die Volte ist der wichtigste, aber auch einer der schwierigsten Griffe für den Kartenzauberer. Darum muß er sehr fleißig vor einem Spiegel geübt werden. Mit der Volte kann man aber dann auch sehr viele Tricks vorführen.

Es ist praktisch nur ein unsichtbares Abheben in der Hand, wobei die Lage der Karten sich verändert. Beispielsweise kommen die Karten, die bisher oben lagen, nach unten oder umgekehrt.

Der Zauberer bildet mit den Karten einen Fächer und läßt dann eine Karte ziehen (Abb. 1). Hat der Zuschauer die Karte gesehen, läßt er die Karte wieder in den Fächer zurückstecken. Den Ringfinger oder den kleinen Finger der linken Hand legt der Zauberer dabei unter diese Karte, dadurch trennt er das Spiel. Nun schiebt er den Kartenfächer in der linken Hand zusammen. Er läßt dabei den Ring- oder den kleinen Finger der linken Hand unter dieser Karte.

Der Zauberer hält jetzt zwei Hälften (Abb. 2). Die untere ergreift er mit der rechten Hand so, daß der Daumen an der zum Zauberer gerichteten Schmalseite des Kartenstoßes liegt, die vier übrigen Finger dagegen an der zum Zuschauer gerichteten Schmalseite. Der rechte Handrücken liegt breit über dem ganzen Spiel. Der Ring- oder kleine Finger der linken Hand liegt zwischen den beiden Spielhälften, die übrigen Finger der linken Hand mit Ausnahme des Daumens liegen auf dem Spiel (Abb. 3). Die Finger der rechten Hand ziehen nun den oberen Kartenblock nach rechts heraus, bis er sich rechtwinklig an die Längskante des unteren Blockes legt (Abb. 4). Jetzt hebt man mit der linken Hand den unteren Block an, bis der andere Block in die Handfläche fallen kann. Nun befindet sich der obere Teil unten und der untere Teil oben. Den jetzt oberen Teil läßt man dann einfach auf den unteren Teil fallen (Abb. 5). Die

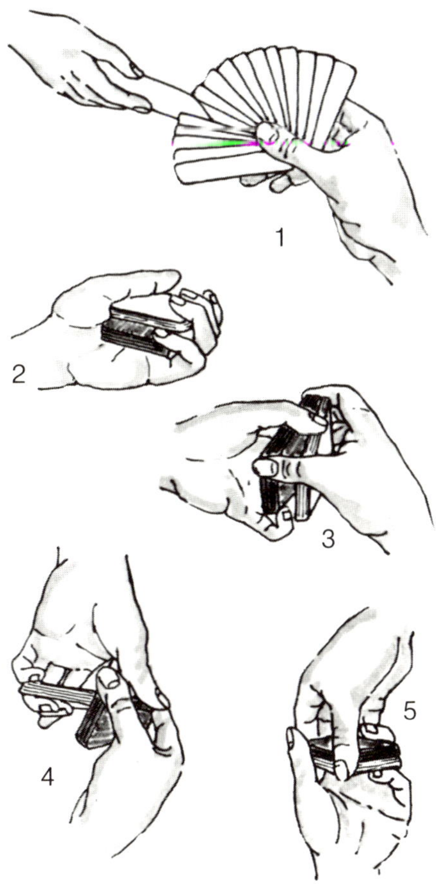

Zweihandvolte

Karte, die der Zuschauer ins Spiel gesteckt hat, befindet sich nun an unterster Stelle, wo sie für das weitere Kunststück griffbereit liegt.
Bei diesen Bewegungen muß die rechte Hand den ganzen Vorgang verdecken. Man darf nicht die geringste Bewegung wahrnehmen. Wenn sie unbemerkt bleiben soll, dann muß die Volte blitzschnell geschlagen werden; zaghafte Versuche werden stets bemerkt.
Hicr noch cinc Variation:
Man läßt den Zuschauer irgendeine Karte ziehen. Inzwischen nimmt der Zauberer das Kartenspiel in die linke Hand und teilt es in zwei Teile. Das obere Paket wird mit der rechten Hand abgenommen, und der Zuschauer legt seine gezogene Karte auf das Paket in der linken Hand. Nun legt der Zauberer das rechte, obere Paket auf diese Karte (also auf das untere Paket), wobei er unbemerkt den kleinen Finger der linken Hand in der Ecke dazwischen hält.
Jetzt erfolgt bei einer Seitwärtsbewegung, damit die Zuschauer die Bewegung nicht mitbekommen, die Zweihandvolte, indem die rechte Hand das untere Paket erfaßt und auf das andere Paket bringt. Damit kommt die gewählte Karte, die auf dem vormals unteren Paket lag, nach oben.
Nun kann der Zauberer nach eigenem Ermessen die obenliegende Karte erscheinen oder ziehen lassen. Er kann sie auch in der rechten Hand palmieren, also unbemerkt abziehen, und später aus der Tasche erscheinen lassen. Es gibt noch viele weitere Möglichkeiten.

Einhandvolte

Weniger benutzt als die soeben beschriebene Zweihandvolte ist die Einhandvolte. Man läßt einen Teil der Karten, also das eine Kartenpaket, in das Innere der Hand fallen (Abb. 1). Mit dem darunterliegen-

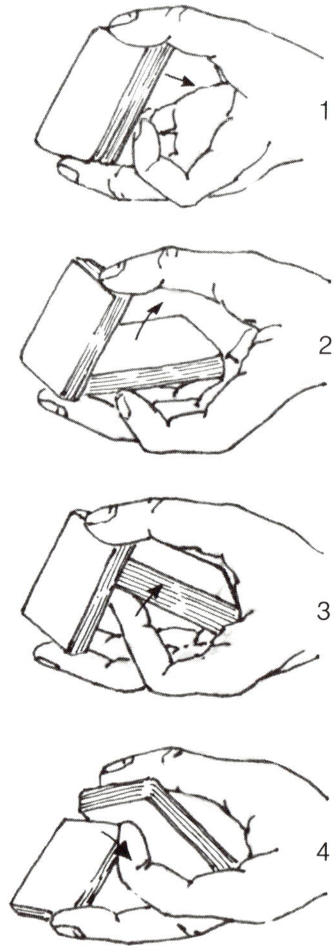

Einhandvolte

den Zeigefinger drückt man das herabgefallene Paket an der oberen Breitseite nach oben (Abb. 2), dann noch höher (Abb. 3), bis das Paket über der Breitseite des oberen Paketes zu liegen kommt. Nun läßt man dieses obere Paket nach unten fallen (Abb. 4).

Abschleifen

Diesen besondern Kartengriff sollte ein Zauberer auf jeden Fall einüben, denn mit ihm kann er gleich mehrere Tricks durchführen. Es lohnt sich wirklich, das Abschleifen zu üben. Grundlage dabei ist, daß die unterste Karte erst dann erscheint, wenn der Zauberer es will.
Man nimmt das Kartenspiel in die linke Hand, wobei der Daumen an der Längsseite liegt; die anderen Finger befinden sich gegenüber an der anderen Längsseite, der Kartenrücken zeigt zum Zuschauer, beziehungsweise liegt oben. Mit dem Mittelfinger streift der Zauberer die unterste Karte etwa 2 cm nach unten, indem er mitten auf die Karte drückt und sie langsam nach unten schiebt. Diesen Vorgang können die Zuschauer nicht sehen, da die etwas heruntergeschobene Karte vom linken Handballen verdeckt wird. Die nächste Karte wird sichtbar (Abb. 1). Der Zauberer kann mit diesem Handgriff die ihm bekannte, unterste Karte eines Kartenstoßes, die er nach dem Mischen schnell erfaßt hatte, etwa 2 bis 3 cm nach unten schieben. Nun bittet er einen Zuschauer, eine Zahl von 1 bis 15 zu nennen. Er, der Zauberer, wolle ebensoviele Karten dann von unten nach oben abzählen. Die letzte Karte soll der Zuschauer sich dann merken. Hat der Zuschauer etwa die Acht als Zahl genannt, und der Zauberer hat beispielsweise die Herz 7 abgeschliffen, so zählt er als erste Karte in unserem Beispiel nun die Karo 10, die er – natürlich versteckt – auf den Tisch legt (Abb. 2).
Dann zieht er die nächste Karte nach der Karo 10 ab und so fort bis zur siebten Karte. Als die achte Karte, da der Zuschauer die Acht als Zahl genannt hatte, kommt dann die abgeschliffene, dem Zauberer bekannte Karte (Herz 7) auf den Tisch, und die soll sich der Zuschauer merken.
Da der Zauberer die Karte kennt, ist die weitere Lösung einfach und kann verschieden erfolgen: Entweder nennt der Zauberer nach längerem „Nachdenken" die Karte, oder er läßt jetzt alles mischen

1

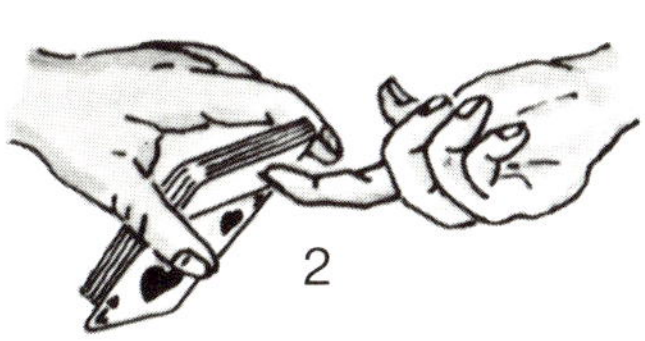

2

Abschleifen

und bringt dann die Karte zum Vorschein. Es gibt noch mehrere Möglichkeiten.
Der Zauberer kann auch, statt sich eine Zahl vom Zuschauer nennen zu lassen, um einen Namen bitten. Jetzt werden die Karten einzeln abgenommen (wie beschrieben von unten), und dabei wird immer ein Buchstabe nach dem anderen genannt. Beim zuletzt genannten Buchstaben wird die abgeschliffene Karte hingelegt, die man eventuell auch schon auf einem Zettel vorausgesagt hat, wobei man nun den Zettel zur Gegenkontrolle zeigt. Man kann sich also verschiedene Möglichkeiten zur Lösung ausdenken.

Forcieren

Das Forcieren nennt man auch die „gezwungene Wahl". Sie hat den Zweck, einen Zuschauer zu beeinflussen, ohne daß er sich dessen bewußt ist. Er wird gezwungen, eine oder mehrere vom Zauberer vorherbestimmte Karten aus dem Spiel zu ziehen.
Hier die bekannteste Ausführung: Der Zauberer legt das zur gezwungenen Wahl bestimmte Blatt oben auf das Spiel und schlägt dann die Volte. Zwischen beide Pakete legt er den kleinen Finger, so daß er also in der Mitte über der bekannten Karte liegt. Das Spiel wird horizontal mit dem Rücken nach oben gehalten.
Der Zauberer breitet nun den oberen Teil des Spieles vor dem Zuschauer fächerartig aus und ersucht ihn, eine beliebige Karte zu ziehen. Sobald die Person nach einer Karte greift, schiebt er mit dem Daumen der linken Hand die bekannte Karte, die sich als erste im unteren Paket befindet, etwas nach vorn und dreht dabei den ganzen Kartenfächer etwas nach rechts. Er schiebt dabei die vorstehende Karte dem Zuschauer gewissermaßen in die Finger. Unmittelbar darauf, wenn der Zuschauer das Blatt gezogen hat, läßt der Zauberer sofort auch die Karten des unteren Päckchens zwischen den Fingern fächerartig nach rechts laufen. Dadurch wird der Anschein erweckt, als sei das ganze Spiel von Anfang bis Ende zwischen den Fingern durchgelaufen.
Dem Zuschauer kommt infolgedessen nicht zu Bewußtsein, daß er gezwungen wurde, die gezogene Karte zu wählen.

Forcieren

Sollte wider Erwarten die bestimmte Karte aus irgendeinem Grund nicht gezogen worden sein, so ist das Kunststück noch nicht verdorben. In diesem Fall schlägt der Zauberer zuerst wieder die Volte und bringt dadurch diese Karte erneut oben aufs Spiel. Dann nimmt er das unrichtig gezogene Blatt und vertauscht es heimlich mit dieser obersten Karte, mit der das Kunststück dann fortgesetzt wird, als ob es gleich von Anfang an so gedacht gewesen sei. Man kann auch mit dem ersten unrichtig gezogenen Blatt einen anderen kleinen Trick vorführen, dann erst zu einer zweiten Person treten und das Forcieren hier ausführen. Dieser Kartengriff muß vor der ersten Vorstellung sehr gut geübt werden, damit sich der Zauberer eine Blamage erspart.

Forcierte Wahl

Um von mehreren auf dem Tisch liegenden Karten oder Häufchen eine bestimmte wählen zu lassen, bedient sich der Zauberer gewisser Kniffe.
Soll von drei Karten eine gewählt werden, so legt er die zu wählende in die Mitte und läßt eine berühren. Es ist gewöhnlich die in der Mitte liegende Karte, die berührt wird. Ist das jedoch nicht der Fall, so nimmt er die berührte einfach weg und sagt: „Es bleiben uns nun noch zwei zur Wahl, soll ich die rechte oder die linke nehmen?" Da „nehmen" ebensogut „wegnehmen" als auch „zum weiteren Verlauf des Kunststückes nehmen" bedeuten kann, hat der Zauberer freie Wahl.
Ebenso unklar ist „rechts" oder „links", da der Zauberer dem Zuschauer ja gegenübersteht und „rechts" oder „links" nach eigenem Standpunkt auffassen kann. Fragt er auch noch: „Zu meiner Rechten oder zu Ihrer Linken?", so ist die Sache noch verblüffender, da kaum ein Zuschauer im Augenblick darauf kommt, daß beides dasselbe bedeutet. Ebenso ist bei mehreren Kartenreihen die Frage „oben oder unten" ganz unklar. Der Zauberer kann auf jeden Fall die Karten, die ihm nicht passen, weglegen.

Zwei Kartenhälften x

Material:
Ein Kartenspiel.
Vorführung:
Der Zauberer zeigt ein Kartenspiel offen (mit der Bildseite) vor, um zu beweisen, daß es ein normales Spiel ist. Dann gibt er einem Zuschauer 16 Karten und einem zweiten Zuschauer den Rest.
„Bitte mischen Sie jeder für sich die Karten, und wählen Sie sich eine Karte, die Sie zunächst behalten", sagt der Zauberer. Dann sollen die beiden Zuschauer das Kartenspiel austauschen, und zwar ohne die gewählte Karte. Ist dies erfolgt, soll jeder seine Karte in das erhaltene Kartenpaket stecken und alles mischen.
Dann sagt der Zauberer: „Sie sehen jetzt, daß Ihre Karte gründlich versteckt ist. Darf ich nun um beide Kartenpakete bitten?" Er legt beide zusammen und sieht sie durch: Er findet die beiden gewählten Karten sofort heraus.

Lösung:
Das Spiel ist so gelegt, daß die obersten 16 Karten aller Farben 7, 9, Bube und König enthalten, die anderen 16 Karten 8, 10, Dame und As. Wenn die Zuschauer die Kartenpakete ausgetauscht und dann ihre gewählte Karte ins Paket gelegt haben, stört diese Karte jeweils die Reihenfolge, und der Zauberer kann sie sofort finden. Natürlich wird er die Sache etwas geheimnisvoll erscheinen lassen.

Dreimal gebogene Karten x

Material:
Ein Kartenspiel.
Vorführung:
Ein Zuschauer soll sich irgendeine Karte aus dem Kartenpaket nehmen, sich diese merken, sie ins Paket zurückgeben, und dieses dann durchmischen. Der Zauberer findet die Karte sogleich heraus.
Lösung:
Das ganze Kartenpaket hat der Zauberer zuvor leicht durchgebogen. Wenn der Zuschauer seine Karte gezogen hat und ansieht, biegt der Zauberer in der Zwischenzeit das Spiel wieder in entgegengesetzter Richtung. Nun ist selbst nach dem Mischen die Karte des Zuschauers herauszufinden.
Der Zauberer kann auch, ohne anfangs die Karten durchzubiegen, eine Karte ziehen lassen und erst dann selbst das Kartenspiel durchbiegen. Die vom Zuschauer gewählte Karte ist dann die einzige ganz gerade.
Eine dritte Möglichkeit besteht darin, daß der Zauberer die Karte ziehen läßt, dann die restlichen Karten stark biegt und in einen Hut legt. Jetzt kann der Zuschauer seine Karte in den Hut werfen und alles durchschütteln. Der Zauberer findet die Karte, ohne in den Hut zu sehen, sofort heraus, da sie die einzige glatte Karte ist.

Tastsinn x

Material:
Ein altes Kartenspiel, eine Stecknadel.
Vorführung:
Der Zauberer läßt die Karten mischen. Dann dreht er das Spiel auf den Rücken, bringt einzeln eine Karte nach der anderen hervor und sagt, ob es eine Bildkarte oder eine Zahlenkarte ist.
Lösung:
Das Kartenspiel ist präpariert. Alle Bildkarten sind mit einer Stecknadel auf der Bildseite leicht angestochen. Wenn man mit der Hand darüberstreicht, merkt man deutlich den Einstich. Dieser ist beim Herz-As und beim Karo-As besonders vorsichtig zu machen, damit man ihn nicht sehen kann.

Ein freches Ding x

Material:
Ein Kartenspiel.
Vorführung:
Der Zauberer bittet die Zuschauer ein Kartenspiel zu mischen. Einer der Zuschauer soll sich dann eine Karte aus dem Spiel merken und auch, an wievielter Stelle, von

oben gerechnet (Rückseite nach oben), diese Karte liegt. In der Zwischenzeit dreht sich der Zauberer um. Hat der Zuschauer sich die Karte gemerkt, nimmt der Zauberer das Spiel in die Hand und sagt: „Ich will hinter dem Rücken die Karte finden." Er nimmt das Spiel hinter den Rücken, bringt es aber sofort wieder nach vorn und sagt: „Das ist doch zu schwer, ich will zuerst Ihre Karte verschwinden lassen. Sagen Sie mir, an wievielter Stelle sie lag." Nachdem das gesagt wurde, zählt der Zauberer die Karten sinngemäß ab und zeigt die Karte vor. Es ist aber nicht die gemerkte, diese ist tatsächlich verschwunden. Inzwischen mischt der Zauberer das Spiel und sagt dabei, welche Karte es war und daß sie nun wieder da sei. Ein Blick in die Karten zeigt, daß das stimmt.

Lösung:

Während der Zauberer die Karten ganz kurz hinter dem Rücken hatte, legte er eine Karte von unten nach oben. Dadurch kann die Zahl nicht mehr stimmen. Als er dann die auf die Zahl fallende vorzeigte, sah er sich unauffällig die nächste Karte an, denn das war die Karte, die sich der Zuschauer gemerkt hatte. Der weitere Ablauf ergibt sich von selbst.

Das As fehlt x

Material:

Ein Kartenspiel.

Vorführung:

Ein Zuschauer soll von vier As-Karten eine wählen. Der Zauberer läßt dann prüfen, ob diese Karte im Spiel ist – sie fehlt. Daraufhin zieht der Zauberer diese Karte aus seiner Tasche. Er muß also vorher gewußt haben, welches As der Zuschauer wählen wird.

Lösung:

Der Zauberer hat das Herz-As in seiner Rocktasche versteckt. Er sagt: „Es gibt bekanntlich vier Asse: Kreuz, Pik, Herz und Karo. Nennen Sie mir eine Kartenfarbe." Nennt der Zuschauer beispielsweise Schwarz, sagt er: „Dann lassen wir also Schwarz weg, es bleibt Rot. Nennen Sie mir ein rotes As; es gibt Herz und Karo." Nennt der Zuschauer Karo, meint der Zauberer: „Dann lassen wir Karo auch weg, und es bleibt Herz übrig. Das ist also Ihre Karte." Dann läßt er das Kartenspiel prüfen – das Herz-As fehlt. Nennt der Zuschauer Herz, sagt der Zauberer: „Das habe ich gewußt, sehen Sie sich das Spiel durch, Herz fehlt." Der Zauberer läßt das Herz-As aus seiner Rocktasche erscheinen.

Der Bilderrand x

Material:

Vier Bildkarten.

Vorführung:

Auf dem Tisch liegen vier Bildkarten. Der Zauberer sagt: „Ich habe hier vier Damen, die sehr empfindlich sind, wenn man sie anfaßt. Drehen Sie bitte, während ich mich selbst abwende, ein bis zwei Karten um 180 Grad um, so daß die Bildseite also oben bleibt. Ist das erfolgt, sagen Sie mir Bescheid, denn ich habe so gute Beziehungen zu den Damen, daß sie mir sofort sagen, welche berührt wurde. Aber bitte nicht mehr als zwei Karten umdrehen!" Der Zauberer findet die Karten tatsächlich heraus.

Lösung:

Betrachtet man einmal in einem Kartenspiel nebeneinanderliegend alle Bilderkarten (Bube, Dame, König), so stellt man fest, daß sie die einzigen Karten sind, die von einer schwarzen Linie ringsherum eingerahmt werden. Wenn man dann alle vier Damen oder Buben nebeneinanderlegt und die Randlinien an der Längsseite betrachtet, bemerkt man, daß sie einen unterschiedlichen Abstand zum äußeren Kartenrand haben, sie sind also auf einer Seite breiter, auf der anderen Seite schmaler. Diese Eigenart ist ausschlaggebend für den Trick. Der Zauberer legt also die vier Damenkarten (oder Bubenkarten) so nebeneinander, daß alle schmalen Ränder links liegen, alle breiten rechts. Während der Zauberer sich umdreht, soll der Zuschauer bis zu zwei Karten umdrehen. Der Zauberer ist dann in der Lage, zu sagen, welche Karten umgedreht wurden, weil er es an der Veränderung der Randbreiten erkennt.

Will der Zauberer den Trick wiederholen, nimmt er alle Karten nochmals hoch, angeblich um sie zu mischen. In Wirklichkeit aber sortiert er dabei die Karten wieder so, daß der schmale Rand immer in einer Richtung liegt.

Kartentelepathie x

Material:

Zehn Karten.

Vorführung:

Der Zauberer nimmt aus dem Kartenspiel willkürlich neun Karten und dann noch eine Zehn heraus. Diese Karten legt er, wie abgebildet, auf den Tisch. Der Assistent des Zauberers dreht sich um, und ein Zuschauer zeigt währenddessen auf eine Karte. Nachdem der Assistent sich wieder umgedreht hat, zeigt der Zauberer auf mehrere der Karten, oder, wenn es gewünscht wird, auch auf alle, und zwar einzeln nacheinander. Der Assistent sagt dann, welche Karte gewählt wurde.

Lösung:

Das Geheimnis beruht auf der Zehnerkarte! Hier zeigt der Zauberer nämlich die Lage der gewählten Karten an. Die Reihenfolge des Vorzählens ist vollkommen unwichtig. Wenn der Zauberer jedoch auf die zehn zeigt, dann tippt er mit dem Zeigefinger auf das Kartenzeichen, das der Lage der gewählten Karte entspricht. Liegt die bewußte Karte also zum Beispiel an dritter Stelle in der rechten Reihe, dann zeigt der Zauberer auf das dritte Kartenzeichen in der rechten Reihe auf der Zehnerkarte. Wurde diese selbst gewählt, zeigt er ebenfalls die Lage an. Es ist empfehlenswert, bei der Wiederholung des Tricks die Kartenlage zu verändern oder neue Karten zu benutzen.

Kartentelepathie

Magische Sieben x

Material:
Ein Kartenspiel.

Vorführung:
Der Zauberer zeigt die Pik-7, Kreuz-7, Herz-7 und Karo-7 vor. „Sieben ist bekanntlich eine magische Zahl. Auch diese Karten hier sind magisch belastet, was ich Ihnen beweisen will. Ich lege sie zunächst verdeckt auf das übrige Spiel. Jetzt schiebe ich eine davon in die Mitte des Spiels, die zweite kommt in die untere Hälfte, die dritte in die obere Hälfte und die vierte wieder in die Mitte. Die vier Karten sind jetzt also getrennt im Spiel. Aber es sind ja magische Karten. Sie werden das jetzt beweisen!" Der Zauberer macht nun einige geheimnisvolle Bewegungen, nimmt dann von oben vier Karten und legt sie verdeckt auf den Tisch. Er dreht eine Karte nach der anderen um: Es sind die vier Siebenerkarten. Das Spiel wird den Zuschauern zur Untersuchung gegeben; es sind keine zusätzlichen Siebenerkarten im Spiel.

Lösung:
Der Zauberer hatte anfangs, als er die vier Siebenerkarten zeigte, unter der letzten zusätzlich vier andere Karten verdeckt liegen. Wenn er die vier Siebenerkarten zusammengeschoben hat und verdeckt aufs Spiel legt, liegen also die anderen vier Karten, die angeblich als die Siebenerkarten ins Spiel kommen, oben.

Magische Sieben

Mysteriöser Kreis xx

Material:

Eine mit den Zahlen von 1 bis 12 versehene runde Tafel, zwölf Spielkarten.

Vorführung:

Der Zauberer bittet einen Zuschauer, sich eine der Karten, die rund um die Tafel angeordnet sind, zu merken und besonders die dazugehörige Zahl. Der Zuschauer soll nun, bei dieser Zahl weiterzählend, immer eine dazurechnen, wenn der Zauberer auf eine Karte zeigt, bis er, der Zuschauer, die Zahl 37 erreicht hat. Dann soll er „Halt" sagen. Es wird die zuvor gewählte Zahl sein. Der Zauberer erklärt dieses damit, daß die Zahl 37 aus den Ziffern 3 und 7 besteht, beides magische Zahlen sind.

Lösung:

Der Zauberer tippt auf die 12, dann auf die 11, auf 10 und so weiter in dieser Richtung, bis der Zuschauer bei 37 angekommen ist und „Halt" ruft, wobei er wieder bei der gemerkten Zahl ist. Hat der Zuschauer etwa Karo-2 bei 6 gewählt, zählt er, wenn der Zauberer auf die 12 zeigt, zunächst 7, wird auf die 11 gezeigt, 8 usw.

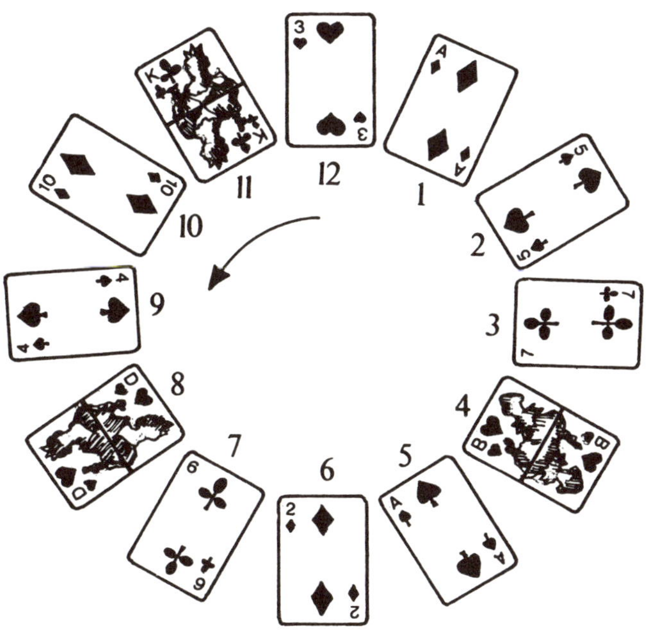

Mysteriöser Kreis

Zauberstab-Kartensteiger xx

Material:
Ein präparierter Zauberstab, ein Glas, ein Kartenspiel, ein Wachskügelchen.

Vorführung:
Eine bestimmte Karte eines Spiels steigt allein aus dem Glas, wenn der Zauberer den Zauberstab darüber hält (Abb. 1).

Lösung:
Der Zauberstab hat die Form einer Röhre. In seinem Innern rutscht ein Bleigewicht (a) mit Faden hin und her. Es wird am Ende des Stabes durch Watte (b) abgefangen, damit es kein Geräusch verursacht. Am Fadenende befindet sich ein Wachskügelchen (Abb. 2). Man braucht nur das Wachskügelchen an die Karte zu heften, den Stab darüberzuhalten, ihn danach nach hinten zu senken – und das abrutschende Gewicht zieht die Karte nach oben. Voraussetzung ist, daß die Karte als hinterste im Spiel ist, so daß man das Wachskügelchen unbemerkt befestigen kann.

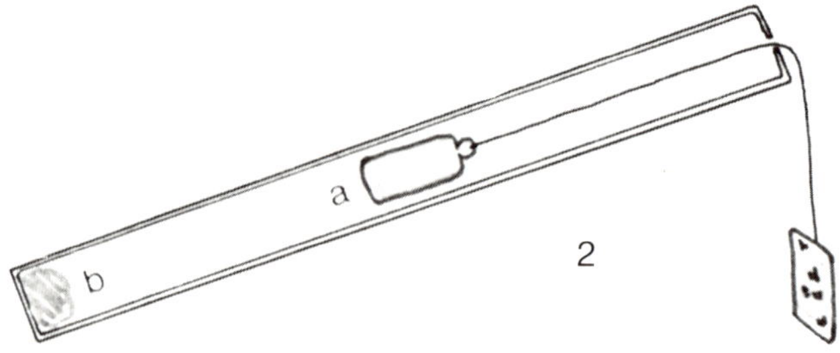

Zauberstab-Kartensteiger

Kartenspringen xx

Material:
Ein Kartenspiel, zwei mit Gummi verbundene Karten.

Vorführung:
Eine von einem Zuschauer gezogene und wieder ins Spiel gelegte Karte bleibt nicht im Spiel, sondern springt heraus.

Lösung:
Zwischen zwei Karten ist ein Stück Gummiband befestigt. Diese beiden Karten liegen unterhalb des Kartenpaketes, das der Zauberer dem Zuschauer aufgefächert so hinhält, daß die untere Kartenhälfte jeweils verdeckt bleibt. Der Zuschauer soll nun in schneller Entscheidung eine Karte herausziehen und sich ansehen. Inzwischen hebt der Zauberer die restlichen Karten einmal ab, so daß die beiden mit Gummi verbundenen Karten mehr zur Mitte kommen. Nun läßt sich der Zauberer die gezogene Karte vom Zuschauer verdeckt, also mit der Rückseite nach oben, geben. Er findet innerhalb des Kartenpaketes rasch die beiden verbundenen Karten heraus, weil sie durch den Gummi etwas sperren. „Sie sind doch einverstanden, daß ich Ihre Karte nun ganz sichtbar ungefähr in die Mitte des Spiels stecke?" sagt er und schiebt dabei die Karte zwischen die mit dem Gummi verbundenen Karten, wo er sie recht festhält. „Hoffentlich verträgt sich Ihre gezogene Karte mit den anderen, denn sonst würde sie schon herausgesprungen sein", sagt der Zauberer so beiläufig. „Aber nein, Ihre Karte will nicht bei den anderen bleiben!" In diesem Moment läßt er die Karte herausspringen, indem er das Kartenpaket nicht mehr so festhält. „Prüfen Sie bitte, ob das Ihre Karte ist!" Sie ist es bestimmt!

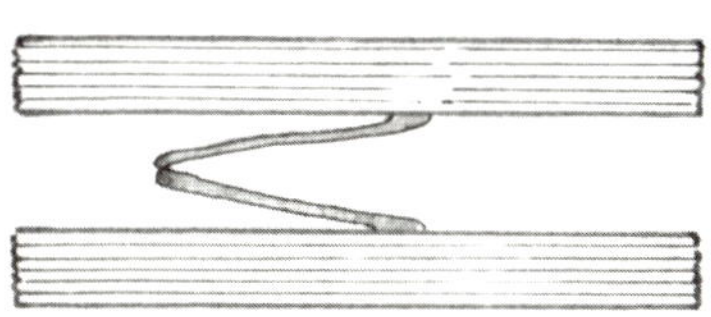

Kartenspringen

Vier Karten im Hut xx

Material:
Ein altes Kartenspiel, zwei Hüte.

Vorführung:
Der Zauberer läßt einen Zuschauer die Karten mischen und sich davon vier ziehen, die nur er allein kennt und zunächst behält. Der Zauberer bekommt dann das restliche Kartenspiel.

Auf dem Tisch liegen zwei Hüte. In den einen Hut legt der Zauberer nun das Kartenspiel. Darüber wird der andere Hut gelegt. Der Zuschauer soll seine vier gewählten Karten nun einzeln zwischen den beiden Hüten hindurchschieben, dann die beiden Hüte nehmen und alle Karten durchschütteln. Der Zauberer nimmt daraufhin den oberen Hut ab und bringt aus dem unteren nacheinander vier Karten zum Vorschein, die offen auf den Tisch gelegt werden. Es sind die vier zuvor gezogenen Karten, die dem Zauberer unbekannt waren.

Lösung:
Der Zauberer hat, nachdem der Zuschauer seine vier Karten aus dem Spiel nahm, die restlichen Karten geschlossen ganz scharf in der Mitte eingeknickt (deshalb alte, weiche Karten). Wenn er dann nach dem Durchschütteln aller Karten in den Hut greift, kann er ohne weiteres die vier nicht geknickten Karten herausfinden. Selbstverständlich wird der Zauberer nach Beendigung des Tricks die Karten im Hut zusammenlegen und geschlossen in die Gegenrichtung legen, damit der Knick nicht zu sehen ist.
Der Zauberer kann die gewählte Karte auch herausfinden, ohne in den Hut zu sehen, denn er fühlt die nicht geknickten Karten heraus.

Neues Kartenfärben xx

Material:
Ein Kartenspiel.
Vorführung:
Ein Pik-As verwandelt sich vor den Augen der Zuschauer in eine Karo-10.
Lösung:
Damit Sie die nachfolgenden Griffe gut verstehen, nehmen Sie bitte ein Kartenspiel zur Hand und legen das Pik-As obenauf. Unter das Pik-As legen Sie die Karo-10 als zweite Karte und als unterste Karte die Herz-7. An sich ist die Reihenfolge der Karten gleichgültig. Das Kunststück läßt sich aber leichter verstehen, wenn die Kartenreihenfolge Ihres Spiels mit der auf der Zeichnung übereinstimmt. Als letzte Vorbereitung ziehen Sie die Karo-10, also die zweite Karte von oben, um etwa einen Zentimeter nach unten, wie dies in Abb. 2 dargestellt ist. Dann nehmen Sie das Spiel so in die Hand, wie es Abb. 1 zeigt. Die untere Schmalseite des Spiels wird dabei durch den Handrücken gedeckt. Es kann daher auch nicht wahrgenommen werden, daß die Karo-10 unten einen Zentimeter aus dem Paket herausschaut.
Man hält das Spiel in der rechten Hand (Abb. 1 und 2) und zeigt, daß das Pik-As die oberste Karte ist. Dann nimmt die linke Hand die hinterste Karte, in unserem Fall Herz-7, ab und zeigt sie als einwandfrei vor. Mit der linken Hand legt man nun Herz-7 mit der Rückseite nach oben auf das Pik-As (Abb. 3) und schiebt sie so weit nach unten, daß ihr unterer Rand mit der unteren Schmalseite der Karo-10 abschließt (Abb. 4), während die rechte Hand das ganze Spiel nach wie vor in der in Abb. 1 dargestellten Weise festhält. Man erklärt hierbei, daß man absichtlich das Pik-As nicht ganz bedeckt habe, damit es ständig beobachtet werden könne.
Nun ergreift man das Spiel an der oberen Schmalseite mit Daumen und Zeigefinger der linken Hand und läßt das Spiel mit der rechten Hand frei. Diese erfaßt sogleich von unten die oberste und drittoberste Karte, Herz-7 und Karo-10, mit Daumen und Zeigefinger der rechten Hand, preßt beide Karten fest aneinander und zieht sie in reibender Bewegung langsam nach unten von dem Spiel ab, um die beiden Karten, die dadurch zusammengekommen sind, wieder auf das Pik-As zu legen. Langsam bedeckt man mit beiden Karten in ständig reibender Bewegung das Pik-As

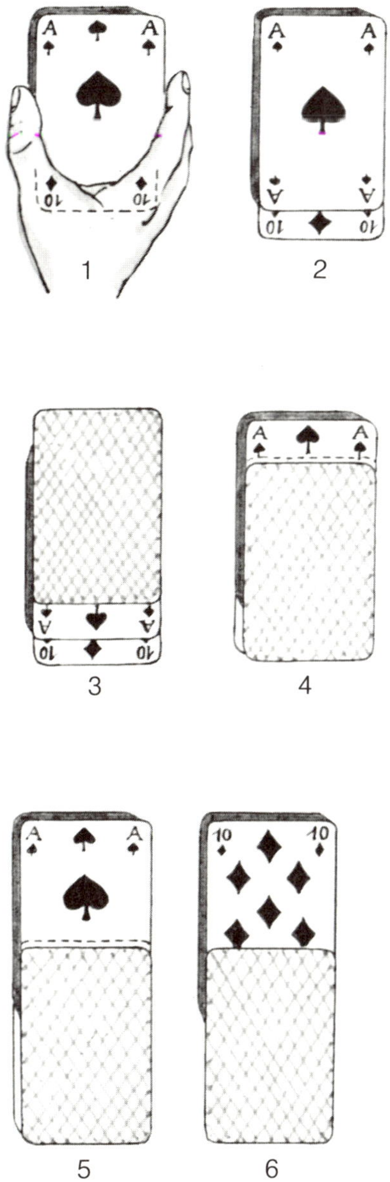

Neues Kartenfärben

wieder ganz, um dann die Herz-7 als einzige Karte langsam vom Paket abzuziehen. Das Pik-As hat sich somit in Karo-10 verwandelt (Abb. 5 und 6).
Wenn die Griffe fließend ausgeführt werden und das Ganze wie eine einzige Handlung wirkt, ist der Erfolg sicher.

Karowandlung xxx

Material:
Eine vorbereitete Riesenkarte (Abb. 1 und 2, S. 104 Vorder- und Rückseite).
Vorführung:
Der Zauberer hält eine Karte hoch und sagt: „Karo-As“ (Abb. 3, S. 104). Wie man sieht, stimmt das. Doch dann sagt er: „Karo-4“ (Abb. 4, S. 104), dreht die Karte um, und tatsächlich sieht man jetzt die Karo-4. Wieder wird die Karte umgedreht und sie wird dabei plötzlich zur Karo-3 (Abb. 5, S. 104). Das gleiche geschieht nochmals, aber jetzt zeigt sie Karo-6 (Abb. 6, S. 104). Der Zauberer dreht die Karte und hat wieder, wie am Anfang, Karo-As in der Hand (Abb. 7, S. 104).
Lösung:
Die Zauberkarte hat auf der Vorderseite zwei (Abb. 1), auf der Rückseite fünf Karos (Abb. 2). Zuerst zeigt man die Vorderseite. Dabei bedeckt der Zeigefinger das untere Karo. So sieht es wie Karo-As aus (Abb. 3). Jetzt faßt die rechte Hand nach der Karte und dreht sie um, daß der Zeigefinger das mittlere von den fünf Karos bedeckt (Abb. 4): „Karo-4“, denkt das Publikum. Wieder greift die linke Hand nach der Karte und wendet sie so, daß die Vorder-

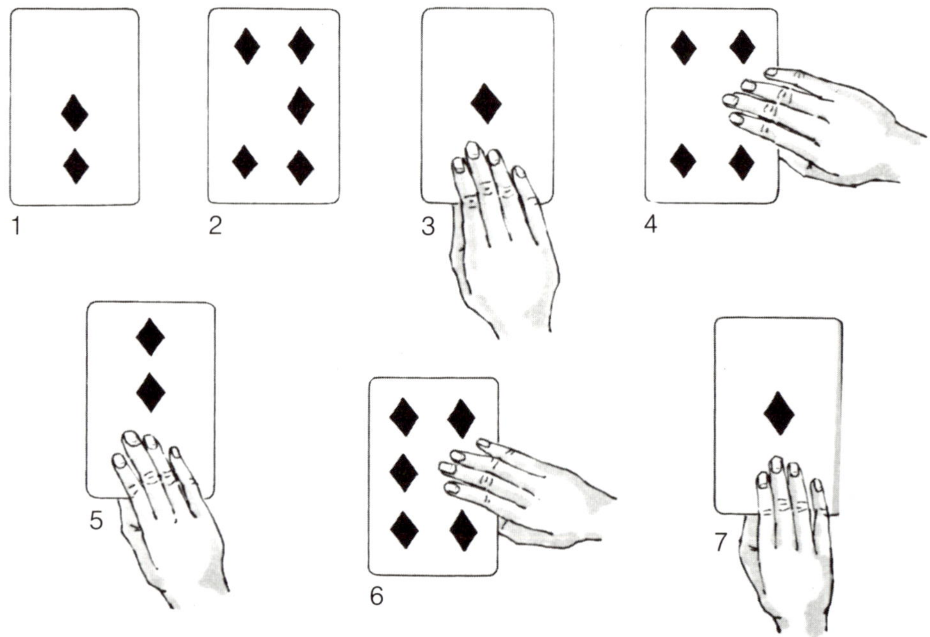

Karowandlung

seite zu sehen ist. Dabei deckt der Daumen die Stelle unter den zwei Karos ab (Abb. 5), damit die Zuschauer es für Karo-3 halten. Dann greift die rechte Hand von vorn um die Karte. Der Zeigefinger deckt dabei die freie Stelle auf der Rückseite in der Mitte (Abb. 6) ab. So sieht es wie Karo-6 aus. Zuletzt hält man die Karte wie am Anfang (Abb. 7). Je besser es mit dem Umdrehen der Karte klappt, um so verblüffender wirkt der Trick.

Verschwundene Könige xxx

Material:
Eine Karo-König-Karte und die vier Zehnerkarten.

Vorführung:
Vier Könige werden gezeigt. Plötzlich sind sie jedoch verschwunden, dafür erscheinen vier Zehnerkarten.

Lösung:
Dieser sehr wirkungsvolle Trick wird folgendermaßen vorbereitet: Beim Karo-König wird das seitliche Karozeichen mit der Rasierklinge abgeschabt. Der in der Abbildung gestrichelte Teil ist auszuschneiden. Abb. 1 zeigt die Karte vor und

nach dem Präparieren. Der Zauberer hat die vier Zehnerkarten (Herz-10 oben) verdeckt mit dem vorbereiteten Karo-König in der Hand. Diesen Karo-König zeigt er als Herz-König vor. Das Zeichen von der Herz-10 ist nämlich im Ausschnitt von Karo-König zu sehen (Abb. 2). Nun wird das Kartenpaket umgedreht und angeblich der gesehene, unten liegende König abgestreift. In Wirklichkeit wird der König aber mit dem Mittelfinger etwa drei Zentimeter zurückgeschoben (abgeschliffen); dafür nimmt der Zauberer die nächste Karte, Herz-10, ab und legt sie, ohne sie zu zeigen, auf den Tisch (Abb. 3). Jetzt liegt Pik-10 hinter dem König, der als Pik-König gezeigt wird. Das wiederholt sich mit Karo-10 und Kreuz-10.

Den König mit der Kreuz-10 steckt der Zauberer nun in die kleine Außentasche seiner Jacke. Dabei schiebt er mit dem Daumen den König tief in die Tasche, so daß nur noch Kreuz-10 zur Hälfte heraussteht. Der König hat sich also scheinbar in die Kreuz-10 verwandelt. Diese wird nun, nachdem sie halb sichtbar war, offen gezeigt und zu den drei verdeckten Karten auf den Tisch gelegt. Diese werden jetzt umgedreht: Auch hier haben sich die Könige scheinbar in Zehnen verwandelt. Dieser Trick muß besonders geübt werden, ist aber sehr wirkungsvoll!

1

2

3

Verschwundene Könige

Schwebende Karten xxx

Material:
Ein Kartenspiel, eine Stecknadel.

Vorführung:
Der Zauberer zeigt die leeren Hände vor, legt die linke Hand auf den Tisch, schiebt eine Spielkarte nach der anderen darunter und hebt dann die Hand: Die Karten schweben daran (Abb. 1). Nun legt der Zauberer sogar die Hand mit den Karten auf ein Glas, das auf dem Tisch steht, oder läßt die Hand in der Luft kreisen. Die Karten bleiben haften. Dann legt er die Hand wieder auf den Tisch: Die Karten fallen ab, die Hand ist leer.

Lösung:
Der Zauberer hat durch die Hornhaut seiner Handfläche eine Stecknadel gesteckt (Abb. 2), wobei die Enden der Nadel jeweils mindestens 1 cm herausragen. Zeigt er nun die beiden Hände flüchtig vor, so sieht man die Nadel nicht. Dann legt er die linke Hand auf den Tisch und steckt zuerst zwei Karten so unter die Hand, daß sie zwischen Nadel- und Handfläche liegen (Abb. 3a und b). Dann nimmt der Zauberer die nächsten zwei Karten (c und d) und legt sie dicht an die Nadel, aber über die beiden bereits befestigten Karten a und b (Abb. 4). Das ist die Grundlage für alle anderen Karten, die jetzt einzeln oberhalb

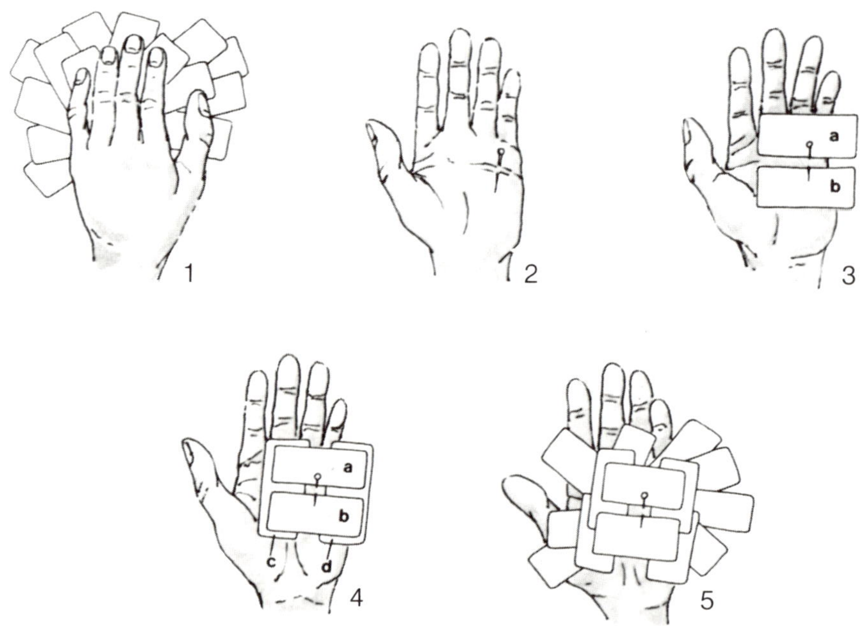

Schwebende Karten

der vier Karten eingeschoben werden. Sie werden von den vier ersten Karten durch den Druck der Hand festgehalten, sie „schweben" (Abb. 5). Dabei zeigt der Zauberer den Zuschauern nicht die Innenfläche der Hand, sondern nur den Handrücken (Abb. 1). Auf diese Weise kann man etwa 20 Karten feststecken.

Wenn die Vorführung beendet ist, löst der Zauberer die Karten, indem er mit der rechten Hand auf den Handrücken der linken Hand klopft. Dadurch löst sich die Nadel, und die Karten fallen ab. Die Nadel liegt dann verdeckt unter den heruntergefallenen Karten, so daß die Hand leer gezeigt werden kann.

Elliots Wunderbrille xxx

Material:

Ein Skatspiel, ein Spezialkartenspiel, bei dem nur die Rückseite bedruckt, die Vorderseite weiß ist, eine komische Brille.

Vorführung:

Der Zauberer wirft ein Kartenspiel im Etui in die Zuschauerreihen; wer es auffängt, wird gebeten, nach vorn zu kommen und auf einem Stuhl Platz zu nehmen. Der Zauberer behauptet, daß diese Person heute hellsehen könne. Er läßt vier andere Personen je eine Karte aus dem Spiel entnehmen. Dann geben die Zuschauer die gemerkte Karte wieder ins Spiel zurück. Dieses hält der Zauberer nun sichtbar hoch und geht damit zu dem auserwählten Zuschauer. Dieser bekommt eine etwas eigenartig aussehende, große, dunkle Brille, wobei er prüfen soll, ob er durchsehen kann.

Nun sagt der Zauberer, daß der Zuschauer mit dieser Wunderbrille zaubern könne. Er werde nämlich die vom Publikum zuvor gewählten Karten herausfinden. Nun wird das Kartenspiel vor dem Zuschauer ausgeblättert: Der Zuschauer kann laut die vier gewählten Karten nennen. Er weiß selbst nicht, wie das kommt, aber er kann nur die vier Karten durch die Brille erkennen.

Lösung:

Nachdem die Zuschauer die vier Karten aus dem Spiel genommen haben, tauscht der Zauberer unauffällig das Kartenspiel gegen das andere aus, das ein gleiches Rückenmuster hat, bei dem aber die Vorderseiten weiß sind. Es war zuvor in der Jackentasche versteckt. Dieses Spiel zeigt der Zauberer mit der Rückseite nach oben jeweils den Zuschauern, die ihre Karte hineinschieben. Wird das Spiel dann dem Zuschauer mit der Brille gezeigt, kann dieser natürlich nur die vier echten Karten sehen!

Die Sache mit Pik-7 xxxx

Material:
Ein Leuchter, Streichhölzer, ein Tablett, vier Umschläge von verschiedener Größe, 32 Pik-7-Karten.

Vorführung:
Zu Beginn des Kunststücks zeigt der Zauberer auf einen großen Umschlag, den er verschlossen und eventuell versiegelt an einer gut sichtbaren Stelle deponiert hat. Dann läßt er aus einem verdeckt gezeigten Kartenspiel ein Blatt ziehen und bittet den betreffenden Zuschauer, die Karte einmal längs und einmal quer zu falten und sie dann an den Bruchteilen durchzureißen, so daß vier nahezu gleichgroße Teile entstehen (Abb. 1). Er legt die vier Stückchen auf ein Tablett und läßt eines davon von einem anderen Zuschauer völlig frei wählen. Der Zuschauer darf den Abschnitt behalten, die anderen drei Teile werden verbrannt. Sogleich öffnet der Zauberer den Umschlag und zieht die gewählte Karte hervor, eine Pik 7. Es fehlt daran allerdings ein Viertel, und zwar genau das Stückchen, das der Zuschauer frei gewählt und nicht wieder aus der Hand gegeben hat. Er kann sich davon überzeugen, daß sein Fragment haargenau zu der aus dem Umschlag genommenen Karte paßt (Abb. 2).

1

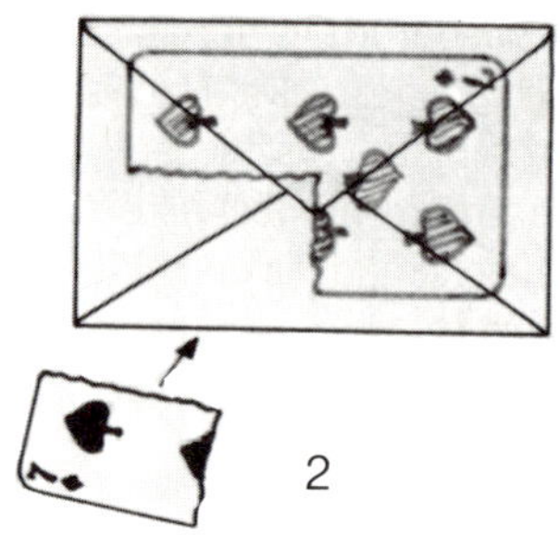

2

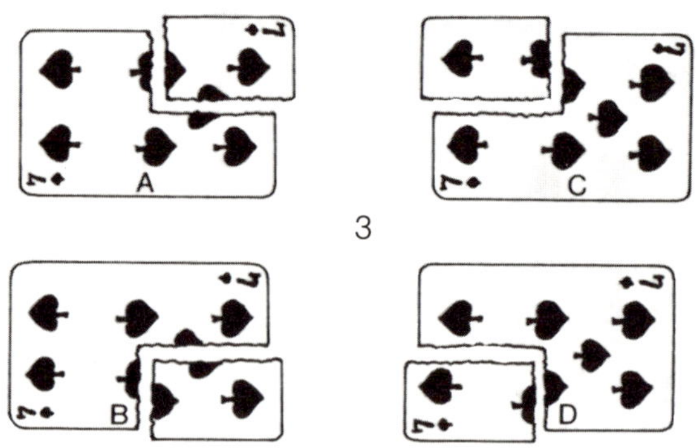

3

Die Sache mit Pik-7

Lösung:

Der Zauberer reißt zu Beginn der Vorstellung von vier Pik-7-Karten je ein Viertel ab, und zwar bei jeder Karte ein anderes Viertel (Abb. 3). Diese vier Teile bilden bei flüchtiger Betrachtung zusammen auch eine komplette Pik 7.

Der Zauberer benötigt vier Briefumschläge, einer immer kleiner als der andere. Der kleinste muß aber noch bequem eine Spielkarte aufnehmen können. In den kleinsten Umschlag wird nun die Teilkarte D gesteckt; der Umschlag wird verschlossen und zusammen mit Teilkarte C in den nächstgrößeren Umschlag getan. Auch dieser wird verschlossen und gemeinsam mit Teilkarte B wiederum in den nächstgrößeren Umschlag gesteckt. Nachdem auch dieser Umschlag verschlossen ist, kommt er zusammen mit Teilkarte A in den größten Umschlag, der verschlossen und versiegelt wird.

Der Zauberer läßt aus seinem Vorrat von gleichen Pik-7-Karten eine ziehen. Nachdem der Zuschauer die Karte in vier möglichst gleiche Teile zerrissen hat, legt der Zauberer die vier Kartenstückchen auf ein Tablett, auf dem ein Leuchter steht. Unter dem Leuchter verborgen sind die vier bei der oben beschriebenen Präparation gewonnenen Kartenteilchen. Es ist nun ein Leichtes, den Leuchter – bevor das Tablett auf den Tisch gestellt oder nach vorn gebracht wird – ganz zwanglos hochzuheben und auf die vier Kartenecken des Zuschauers zu setzen. Dadurch ist auf einfache Weise der Umtausch der Kartenteile erreicht.

Jetzt darf der Zuschauer eines der vier Kartenteile frei wählen. Der Zauberer hat lediglich darauf zu achten, welches Teil gewählt wurde, ob das von A, B, C oder D. Das ist nicht schwierig, da die Pik-7 asymmetrisch ist. Der Zuschauer behält das von ihm gewählte Kartenteilchen, während die anderen drei vor aller Augen verbrannt werden. Dann öffnet der Zauberer den Umschlag, was mit einer gewissen Vorsicht geschehen muß, damit die Zuschauer nichts von der Präparation bemerken. Wählte der Zuschauer das Teilchen A, so braucht der Zauberer nur den äußeren Umschlag zu öffnen und daraus, ohne den weiteren Inhalt sehen zu lassen, die Teilkarte A zu nehmen, die genau paßt. Wurde das Teil der Karte C gewählt, so muß der Zauberer aus dem größten Umschlag den zweiten herausnehmen, aus diesem wieder den dritten und hieraus die Teilkarte C, während die Teilkarten B und A wohlweislich in den Umschlägen stecken bleiben.

Zaubereien mit Kugeln, Bällen und Würfeln

Die Bälle sind nie da, wo der Zuschauer sie zuletzt gesehen hat, die Würfel zeigen auch nie die Zahl, die man erwartet. Wie man seine Zuschauer mit diesen Requisiten verblüffen kann, erfährt der Zauberlehrling auf den folgenden Seiten. Die Tricks sind leicht bis mittelschwer.

Zwei Schwammbälle x

Material:
Drei Schwammbälle aus Schaumgummi (etwa 3 bis 5 cm groß).

Vorführung:
Der Zauberer legt zwei Schwammbälle auf den Tisch. „Bitte zeigen Sie auf einen der beiden Schwammbälle, mit dem ich zaubern soll", bittet er einen Zuschauer. Hat dieser auf einen Ball gezeigt, legt ihm der Zauberer diesen Ball in die Hand mit den Worten: „Bitte die Hand fest geschlossen halten. Den anderen untersten Ball nehme ich in die linke Hand."
Dann steckt der Zauberer den zweiten Ball in seine linke Faust und holt aus seiner rechten Seitentasche einen kleinen Zauberstab. Damit klopft er auf die Faust des Zuschauers und sagt: „Bitte drehen Sie die Hand um, und lassen Sie den Ball auf den Tisch fallen." Der Zuschauer dreht die Hand um: Es fallen plötzlich zwei Bälle heraus. Die linke Hand des Zauberers dagegen ist leer.

Lösung:
Der Zauberer hat anfangs in seiner rechten Hand einen dritten Ball versteckt. Wenn der Zuschauer auf einen Ball gezeigt hat, ergreift der Zauberer diesen und drückt dabei seinen in der rechten Hand verborgenen Ball mit darauf. Bei Schaumgummi kann der Zuschauer nicht merken, daß er statt einem Ball zwei zusammengedrückte Bälle bekommt, zumal der Zauberer sogleich die Hand des Zuschauers fest schließt. Den anderen Ball nimmt der Zauberer mit der rechten Hand auf und steckt ihn anscheinend in seine linke Faust; aber in Wirklichkeit behält er den Ball in der rechten Hand versteckt (palmieren). Wenn der Zauberer den Zauberstab aus der Tasche holt, steckt er dabei diesen Ball in die Tasche.

Steigender Ball xx

Material:
Ein dunkler Ball, eine Nylonschnur.

Vorführung:
Der Zauberer hält einen Ball in der linken Hand, die rechte Hand wird etwas höher gehalten. Nun murmelt der Zauberer einen Zauberspruch – und langsam steigt der Ball in die Höhe zur anderen Hand. Auf Kommando gleitet er wieder zurück.

Lösung:
Der Zauberer hat einen hohlen Ball mit drei kleinen Löchern (a, b, c). Durch Loch a wird ein dünner Nylonfaden geführt, an dem ein Streichholz befestigt ist, damit der Faden, wenn er mit dem Streichholz bei a eingeführt wurde, einen Halt bekommt. Dann wird dieser Faden über die Finger der rechten Hand durch die Löcher b und c geführt. Das Ende erhält eine Schlinge e zum Festhalten des Fadens d. Die Schlinge wird am Mittelfinger der linken Hand befestigt, in der auch der Ball liegt. Die rechte Hand hält der Zauberer zunächst zwanglos seitlich so weit weg, wie es der Faden gestattet. Dann erst führt er langsam die rechte Hand hoch, bis der Faden leicht straff ist. Nun sagt der Zauberer den Zauberspruch und hebt die rechte Hand ganz langsam an, wobei er die linke Hand auch etwas sinken läßt. (Das probiert man am besten vor dem Spiegel aus.) Die Führung b/c durch den Ball bewirkt, daß der Ball beim Schweben ruhig bleibt.

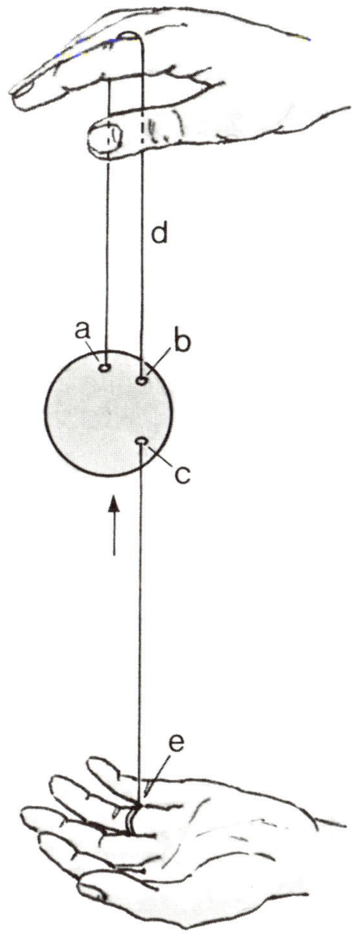

Steigender Ball

Ei verschwindet xx

Material:

Ein Holzei.

Vorführung:

Der Zauberer zeigt ein Ei vor und legt es auf die linke Hand, die zur Faust geballt ist, wobei der Handrücken zum Zuschauer zeigt. Mit der rechten Hand greift der Zauberer nach dem Ei, nimmt es von der Faust ab, zerreibt es anscheinend, und die Hand ist leer. Der Zauberer holt das Ei aus der Rocktasche des Zuschauers.

Lösung:

Das Ei liegt anfangs auf der linken Faust. Die Faust darf dabei nicht zu fest gehalten werden, denn darin soll doch das Ei unbemerkt hineinkommen. Deshalb gleich die Faust locker halten mit dem Handrücken zum Zuschauer. Mit der rechten Hand (Handrücken zum Zuschauer) geht man vor das Ei und tut, als wolle man es wegnehmen, dabei macht man eine etwas langsame Bewegung mit der rechten

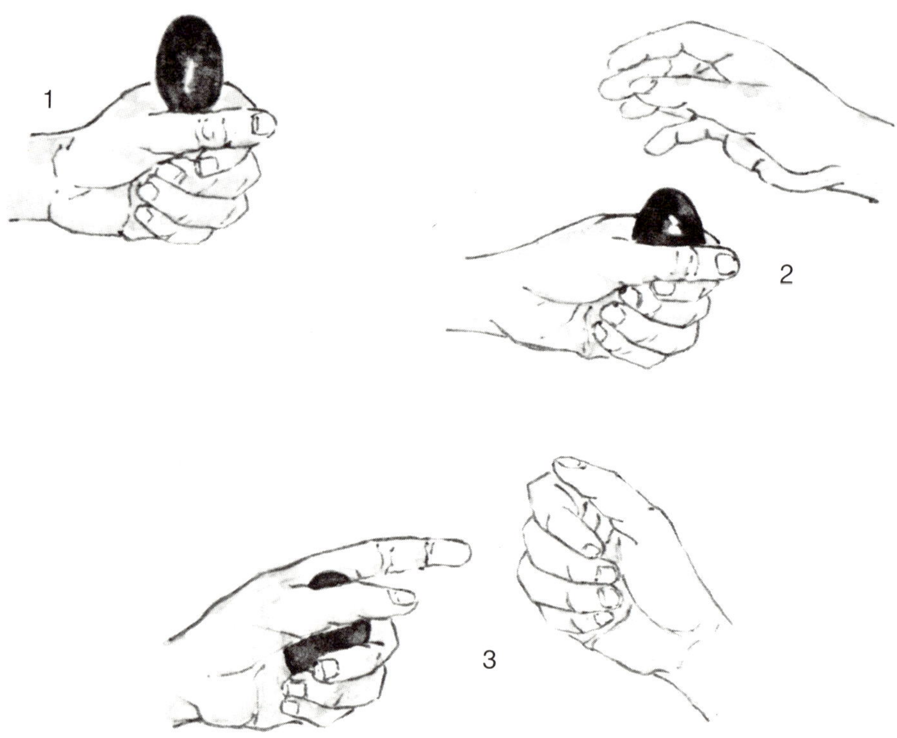

Ei verschwindet

Hand zum Erfassen des Eies. In diesem Moment gleitet das Ei unsichtbar in die linke Faust und wird dort festgehalten. Die rechte Hand entfernt sich mit einer drehenden Bewegung und markiert nun, als würde sie das Ei in der Hand zerreiben. Dabei zeigt die linke Hand, von der Rechten ca. 20 cm entfernt, auf die rechte Hand. Jetzt öffnet sich die rechte Hand langsam mit dem Handrücken zum Zuschauer, dann Hand umdrehen: Das Ei ist weg.

Man kann es dann aus der Rocktasche des Zuschauers herausholen mit der linken Hand oder man greift unter die rechte Achselhöhle und holt es dort heraus. Bewegung vor dem Spiegel üben!

Pythagoras-Würfel xxx

Material:

Drei Würfel, ein Zettel, ein Schreibstift.

Vorführung:

Dieser Trick zählt zu den schönsten und unerklärlichsten Kunststücken mit Würfeln.

Der Zauberer bittet einen Zuschauer – dabei wendet er sich ab –, folgendes mit den drei Würfeln durchzuführen:

1. Er soll mit allen drei Würfeln zugleich würfeln und die oberen Augen sämtlicher Würfel addieren. Diese Zahl soll er auf einen Zettel schreiben; in diesem Fall (Abb. 1):
   $4+3+5=12$

Pythagoras-Würfel

2. Jetzt soll er zwei beliebige der drei Würfel, hier etwa die Würfel b und c, aufnehmen, die unteren Augen derselben addieren und die Summe dann zu dem bisherigen Ergebnis zählen. Da in diesem Beispiel die Würfel b und c oben 3 und 5 zeigen, so müssen die unteren Augen 4 und 2 zeigen:
   $4 + 2 = 6; 6 + 12 = 18$
3. Nun soll er mit den zwei aufgenommenen Würfeln b und c würfeln und dann die oberen Augenzahlen dem bisherigen Ergebnis zuzählen. In diesem Beispiel (Abb. 2, S. 113) beträgt die obere Augenzahl 2 und 6:
   $2 + 6 = 8; 8 + 18 = 26$
4. Der Zuschauer soll jetzt einen der zuletzt geworfenen Würfel, im Beispiel b, aufnehmen und die untere Augenzahl dem bisherigen Ergebnis zuzählen: in diesem Fall ist das die 5:
   $5 + 26 = 31$
5. Er soll nun mit dem aufgenommenen Würfel einen Wurf tun und die obere Augenzahl zum bisherigen Ergebnis dazuzählen. Im Beispiel ist das die 1 (Abb. 3, S. 113):
   $1 + 31 = 32$

Jetzt dreht der Zauberer sich um, sieht sich die Würfel an und nennt genau diese Zahl 32. Der Zuschauer muß zugeben, daß diese Zahl mit seinem eigenen Ergebnis übereinstimmt.

Lösung:

Der Zauberer betrachtet sich, nachdem er sich wieder umgedreht hat, unauffällig die Würfel, wie sie zuletzt liegengeblieben sind. Er addiert dabei die oberen Augen der drei Würfel, in diesem Beispiel (Abb. 3) sind das die 4, die 1 und die 6. Zu diesem Ergebnis addiert er die Zahl 21 (diese Zahl gilt für alle Fälle):

$4 + 1 + 6 = 11; 11 + 21 = 32$

Mit Zauberstab und Zigarette

Geschwindigkeit ist keine Hexerei, und die Illusion eines Feuers brennt nicht. Die leichten bis mittelschweren Tricks dieses Kapitels erfordern nur sehr wenige Requisiten, außer der Zigarette oder dem Zauberstab.

Zauberstab verschwindet x

Material:
Ein Zauberstab aus Papier, ein kleines, rundes Holz (3 cm lang, 1 cm dick), eine Tüte.

Vorführung:
Dieser Trick ist besonders als Abschluß der Vorstellung geeignet. Der Zauberer nimmt seinen Zauberstab und sagt: „Ich klopfe mit dem Stab nochmals auf den Tisch – Holz auf Holz –, auch der Zauberstab soll Abschied nehmen. Hier ist eine leere Tüte, die ist groß genug, um den Stab darin unterbringen zu können.“
Der Zauberer steckt den Stab in die Tüte und verschließt sie. Dann meint er: „So nimmt der Holzstab doch zu viel Platz weg. Es ist aber ein Zauberstab, also kann ich mir helfen.“ Er knüllt die Tüte zu einem Papierball zusammen. Mit den Worten: „So kann man den Zauberstab schon besser aufheben!“ steckt er den Ball in seine Tasche.

Lösung:
Gezaubert wird mit einem Zauberstab aus Papier. Für die Herstellung braucht man ein Rundholz, das etwa so dick ist wie der Zauberstab. Darauf rollt man schwarzes Papier und klebt es aufeinander (natürlich nicht auf den Holzstab, der ist nur zum Aufrollen da). Die Enden beklebt man 5 cm weit mit weißem Papier. Das ist jetzt ein Papier-Zauberstab, was der Zuschauer aber nicht wissen darf. An einem Ende klebt man in den Stab ein kleines Stück Rundholz. Damit schlägt der Zauberer auf den Tisch („Holz auf Holz“), damit der Eindruck erweckt wird, der Stab sei ganz aus Holz. Dieser Papier-Zauberstab läßt sich natürlich leicht zusammenknüllen.

Zauberstab verschwindet

Kein Loch x

Material:
Ein Geldstück, ein Taschentuch, eine Zigarette, ein Teller oder Aschenbecher.

Vorführung:
Der Zauberer nimmt ein Geldstück aus der Tasche und spannt ein Taschentuch darüber. Dann bittet er einen Zuschauer um eine brennende Zigarette und drückt sie mit Hokuspokus über dem gespannten Stoff aus. Brennt das Tuch? Nein, es brennt nicht! Die Zigarette ist ausgedrückt, aber im Tuch ist kein Loch.

Lösung:
Ist das Tuch straff gespannt, sammelt sich die Wärme im Metall der Münze, der Stoff bleibt von der Glut verschont. Natürlich drückt der Zauberer die Zigarette über einem Teller oder Aschenbecher aus.

Ball auf Zauberstab xx

Material:
Ein vorbereiteter Zauberstab, ein kleiner Ball.

Vorführung:
Der Zauberer nimmt seinen Zauberstab und läßt einen kleinen Ball darauf balancieren, ohne daß dieser herunterfällt.

Lösung:
1. Methode: Der Zauberer hat eine kleine, über den Zauberstab passende Kappe (Abb. 1). An dieser befindet sich eine Nadel mit Öse (b) und einem Faden (c). Dieser ist ungefähr 10 cm länger als der Zauberstab selbst. Das freie Ende des Fadens wird vor der Vorstellung um einen Rockknopf gewickelt, die Kappe in die rechte Rocktasche gesteckt. Dann steckt der Zauberer die Kappe heimlich auf den vorher vor den

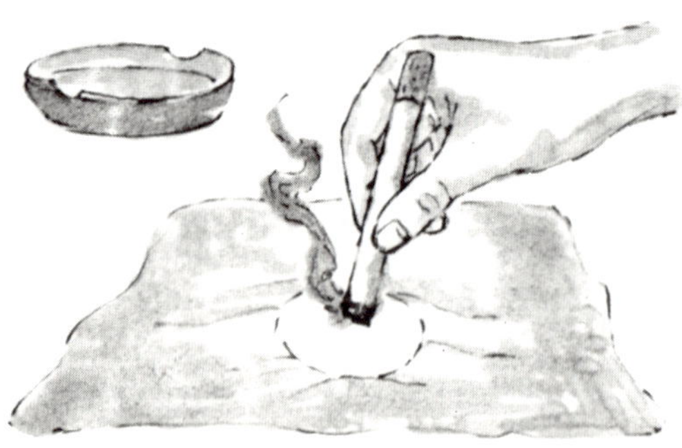

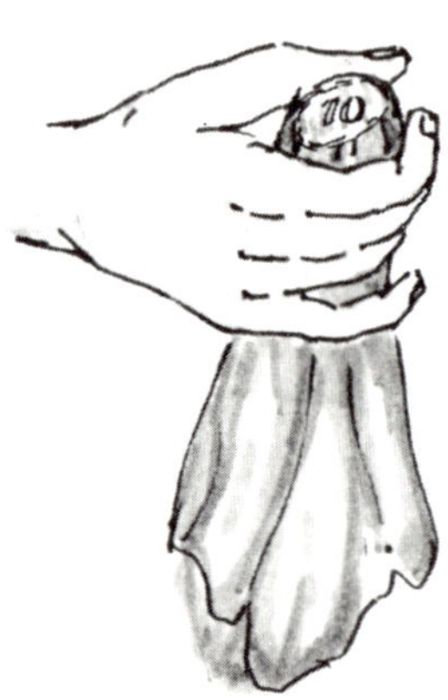

Kein Loch

Zuschauern untersuchten Zauberstab und spannt den jetzt um den Zeigefinger gewickelten Faden (a) parallel zum Zauberstab (Abb. 2). Nun kann er einen Ball auf dem Stab hin- und herrollen lassen.

2. Methode: Bei dieser Methode verwendet der Zauberer einen Faden, der genauso lang ist wie der Zauberstab und der an beiden Seiten mit zwei ganz dünnen, fleischfarbig lackierten Ringen (Abb. 3 a, b) versehen ist. Der Zauberer schiebt die Ringe über die Zeigefinger, ergreift den Stab und legt dann einen Ball darauf.

3. Methode: Hier ist der Zauberstab selbst präpariert. Er läßt sich in seiner ganzen Länge seitlich aufklappen (Abb. 4 a und b), wodurch eine Rille gebildet wird. Die Endkappen sind natürlich fest. Hierdurch sieht der Stab – selbst von der Seite gesehen – durchaus unverfänglich aus. Nach erfolgtem Gebrauch schließt der Zauberer den Stab und kann ihn als gewöhnlichen Zauberstab verwenden.

4. Methode: Ihrer Einfachheit und Zuverlässigkeit halber dürfte diese Methode die beste sein: Ein Zauberstab und ein dünner Draht in der gleichen Länge, dessen Enden wie auf Abb. 5 zurechtgebogen sind, liegen auf dem Tisch. Der Zauberer drückt den vorher von den Zuschauern untersuchten Stab heimlich in die Klammern hinein und kann nun jeden Ball auf dem Stab laufen lassen (Abb. 6).

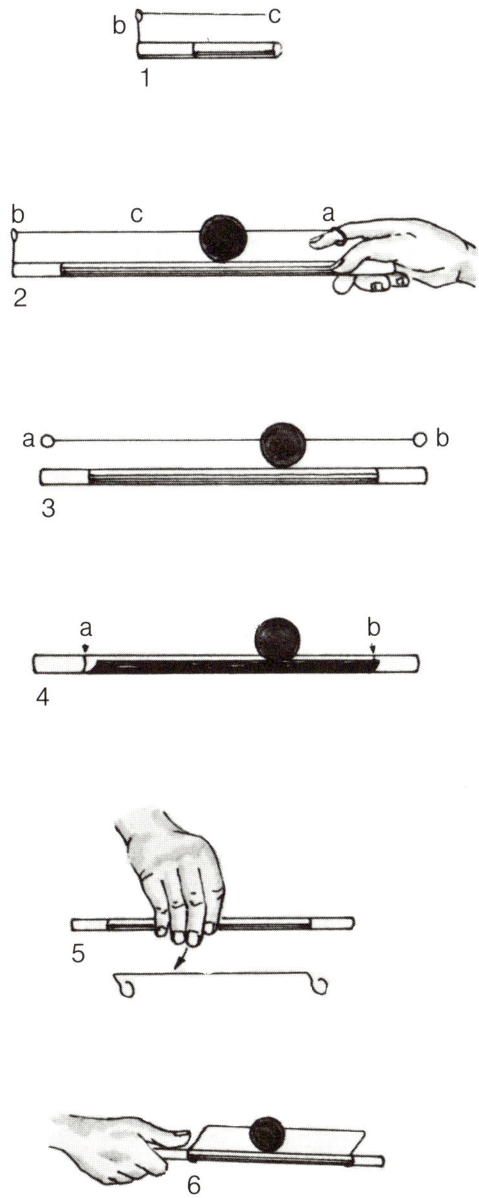

Ball auf Zauberstab

Unzerbrechliche Zigarette x

Material:
Eine Zigarette, Stanniolpapier.

Vorführung:
Dieser Trick braucht keine Vorbereitung. Der Zauberer nimmt eine Zigarette (Abb. 1), wickelt sie in Stanniolpapier ein (Abb. 2) und verschließt die Enden leicht. Jetzt kann man die Zigarette etwas zusammendrücken oder mit ihr sogar einen größeren Knoten bilden (Abb. 3).
Die Zuschauer denken, daß die Zigarette auf diesem Weg unbrauchbar geworden ist. Der Zauberer glättet daraufhin die Zigarette wieder (wie Abb. 2), öffnet das Stanniolpapier – die Zigarette ist nicht durchgebrochen, höchstens das Papier ein klein wenig zerknittert.

Lösung:
Das Stanniolpapier bewirkt, daß sich der Druck innen gleichmäßig verteilt. Den Trick nicht zu schnell vorführen, der Druck soll langsam verändert werden.

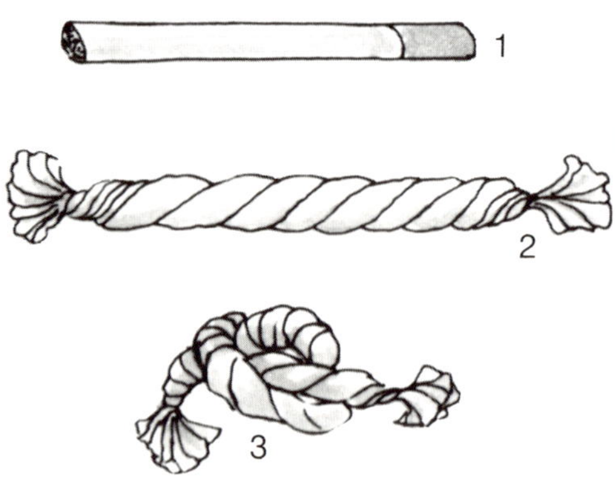

Unzerbrechliche Zigarette

Feste Asche x

Material:
Eine Zigarette, eine Büroklammer.

Vorführung:
Der Zauberer hat während seiner Vorführung eine brennende Zigarette in der Hand oder im Mund, aber überraschenderweise fällt die inzwischen sehr lang gewordene Asche nicht ab, so daß die Zuschauer dies schon beunruhigt beobachten. Dann legt der Zauberer die etwa zu zwei Dritteln gerauchte Zigarette so nebenbei im Aschenbecher ab, ohne daß die Asche abfällt (Abb. 1).

Lösung:
Der Zauberer hat anfangs in die Mitte der Zigarette der Länge nach eine aufgebogene Büroklammer gesteckt (Abb. 2). Dadurch hält die Asche.

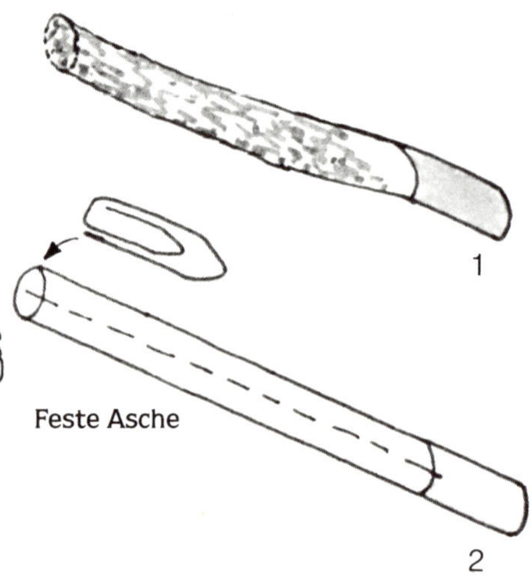

Feste Asche

Zigarettengriff xxx

Material:

Zwei Zigaretten.

Vorführung:

Der Zauberer ballt die rechte Hand zur Faust. Daraus steigt eine Zigarette hoch, die von der linken Hand fortgenommen und in die Tasche gesteckt wird. Im selben Moment steigt aber aus der rechten Faust abermals eine Zigarette empor. Mit ihr wird genauso verfahren wie mit der ersten. Dies kann beliebig oft vorgeführt werden.

Lösung:

Der Zauberer steht mit dem Gesicht zu den Zuschauern. In der linken Hand hält er eine Zigarette palmiert. In der rechten Hand hält er ebenfalls eine Zigarette verborgen. Diese Hand ballt er in Brusthöhe zur Faust. Es ist eigentlich keine richtige Faust, aber die Zuschauer müssen diesen Eindruck bekommen. In Wirklichkeit sind die Finger nicht ganz geschlossen, sie drücken also nicht gegen den Handteller. Der Daumen liegt auf dem Zeigefinger. Im hohlen Innern der Faust liegt die eine verborgene Zigarette, die nun langsam mit dem Daumen hochgeschoben wird. Wenn die Zigarette zu drei Vierteln aus der Hand gestiegen ist, führt der Zauberer die linke Hand mit der palmiert gehaltenen Zigarette vor die Faust. Daumen und Zeigefinger der linken Hand ergreifen die aus der rechten Hand aufgestiegene Zigarette. Gleichzeitig umschließt die rechte Hand die in der linken gehaltene Zigarette. Die aus der rechten Hand genommene Zigarette wird scheinbar in die Tasche gesteckt, in Wirklichkeit jedoch wieder palmiert. Daraufhin wiederholt sich der ganze Vorgang. Es steigert die Wirkung, wenn man die Zigarette erst langsam, dann immer schneller erscheinen läßt.

Zigarettengriff

Zigarettenfang xxxxx

Material:

Eine Zigarettenhalterung (Spezialanfertigung), Zigaretten, ein Hut.

Vorführung:

Der Zauberer holt mehrere Zigaretten einfach aus der Luft und wirft sie in einen leeren Hut. Diesen Hut mit den Zigaretten schüttet er vor den Zuschauern aus.

Lösung:

Der Zauberer fertigt sich aus einem fleischfarbenen Blechstreifen (Abb. 1 b) mit einer angelöteten, etwa 4 cm langen Nadel (a) eine Zigarettenhalterung an, die um den Mittelfinger der rechten Hand passen muß. Die Nadel wird in eine Zigarette gesteckt (Abb. 2). Die Halterung mit der Zigarette steckt der Zauberer unbemerkt auf das erste Glied des Mittelfingers (Abb. 3).

Mit der linken Hand ergreift er einen Hut und dreht ihn um: Er ist leer. Dabei läßt der Zauberer in derselben Hand etwa sechs bis acht Zigaretten versteckt, die er im Moment, wenn er den Hut wieder hinstellt, in diesen hineinfallen läßt. Das ist leicht durchzuführen und fällt nicht auf.

Die bisher hinter der rechten, gestreckten Hand verborgene, aufgesteckte Zigarette läßt der Zauberer nun erscheinen, indem er zunächst die gestreckte Hand mit der Handfläche zum Zuschauer gedreht hält, und dann die Finger nach vorne biegt (Abb. 4). Dann hält er die linke Hand vor die rechte und bewegt sie so, als nehme er die Zigarette. In diesem Moment wird die rechte Hand wieder ausgestreckt. Dabei verschwindet die Zigarette wieder nach hinten. Nun führt der Zauberer die linke Hand zum Hut, so als lege er die Zigarette dort ab. Das wiederholt er mehrmals.

Zum Schluß nimmt der Zauberer wirklich die Zigarette ab und brennt sie an. Gleichzeitig nimmt er den Hut und schüttet die darin befindlichen Zigaretten aus.

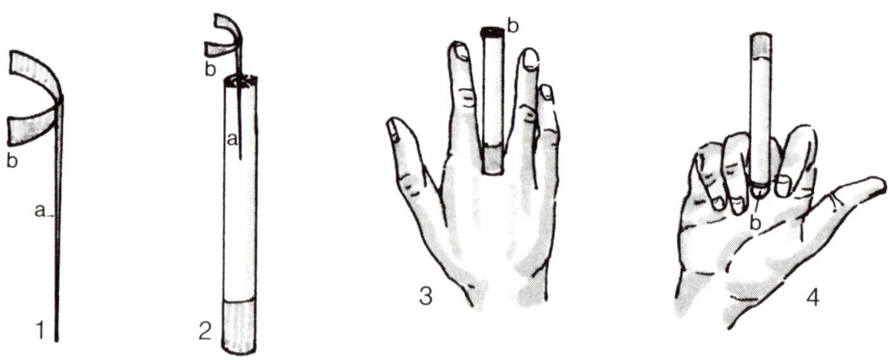

Zigarettenfang

Gehorsame Zigarette xx

Material:
Eine präparierte Streichholzschachtel, eine Zigarette, etwas Draht.

Vorführung:
Der Zauberer leiht sich von einem Zuschauer eine Zigarette. Diese legt er der Länge nach auf eine Streichholzschachtel (Abb. 1). Auf Kommando erhebt sich die Zigarette und legt sich wieder hin (Abb. 2).

Lösung:
Die Streichholzschachtel ist präpariert, und zwar beträgt die Länge der Schublade nur ein Drittel der Hülsenlänge. In der Vorderseite der Lade befindet sich ein Schlitz, durch den ein gebogener Draht geführt wird. Das kurze, spitze Ende des Drahtes führt durch die obere Seite der Hülse und liegt dort flach aus, so daß er nicht bemerkt werden kann (Abb. 3 und 4). Wird die Schublade vorwärts bewegt, so richtet sich die heimlich auf den Draht gespießte Zigarette gehorsam auf. Sie legt sich wieder hin, wenn die Lade nach hinten gezogen wird.

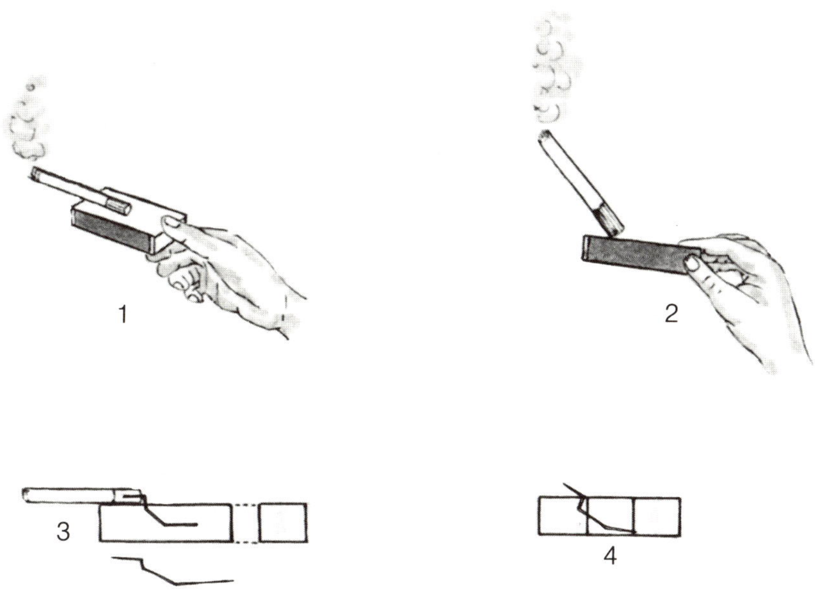

Gehorsame Zigarette

Geldscheintricks

Banknoten verbrennen, zerreißen, durchlöchern – selbst Menschen mit einer weniger materiellen Einstellung läuft es da kalt den Rücken herunter. So sind die Geldscheintricks immer besonders wirksam. Der Zauberlehrling erfährt in diesem Kapitel, was er längst ahnte: Hier werden keine Banknoten zerstört, sondern lediglich die Zuschauer an der Nase herumgeführt.

Geldschein im Bierglas xx

Material:
Ein präpariertes Zier- oder Taschentuch, ein Bierglas, eine Papierserviette, ein Geldschein.

Vorführung:
Der Zauberer läßt sich von einem Zuschauer einen Geldschein geben mit der Bitte, sich von diesem auch die Nummer aufzuschreiben. Er faltet den Geldschein klein zusammen, wickelt ihn in sein aus der Brusttasche genommenes Ziertuch und bittet einen Zuschauer, es festzuhalten.

Dann nimmt der Zauberer vom Tisch eine Papierserviette, knüllt sie etwas zusammen und legt sie in ein Bierglas. Nach einem eingehenden Vortrag über die „Wanderung der Materie“ oder ähnliches nimmt er dem Zuschauer das Tuch ab, nachdem er vorher noch hat prüfen lassen, ob der Geldschein noch zu fühlen ist. Sofort schüttelt der Zauberer das Tuch aus und zeigt beide Hände leer vor. Der Geldschein ist verschwunden. Der Zuschauer soll nun aus dem Bierglas die Serviette nehmen: Der Geldschein ist darin!

Lösung:
Im Ziertuch des Zauberers ist in der Mitte ein gefaltetes Stück Papier eingenäht, das heißt, es ist ein kleines Stückchen Stoff über das Papier genäht, so daß man dieses wohl fühlt, aber nicht sehen kann.

Wenn der Zauberer den Geldschein erhält, faltet er sein Ziertuch so, daß der Zuschauer das eingenähte Papier fühlen kann. Es wird so den Eindruck erwecken, der Zuschauer habe den Geldschein zwischen dem Tuch. Der Zauberer hat bei diesem Vorgang den echten Schein jedoch in seiner Hand versteckt. Damit geht er zum Tisch, nimmt die Serviette, öffnet sie und knäult sie zusammen. Dabei wickelt er den verborgenen Geldschein unauffällig mit ein, was ohne besondere Schwierigkeit möglich ist.

Geldschein unter dem Glas x

Material:
1 Glas, 1 Geldstück, 1 Geldschein.

Aufgabe:
Der Zauberer erklärt: „Ich habe hier einen Geldschein. In die Mitte des Geldscheines stelle ich ein Glas und lege auf den Glasrand ein Geldstück. Das Geldstück liegt trotzdem ziemlich fest. Sie sollen nun den Geldschein unter dem Glas wegnehmen, ohne daß das Geldstück dabei herabfällt."

Lösung:
Das geht nicht etwa mit „schnellem" Abziehen des Geldscheines! Man faßt den Geldschein und hebt ihn direkt dicht am Glas hoch. Dabei wird sich das Glas langsam auf dem Geldschein wegbewegen. Nun nimmt man den Geldschein ganz langsam höher (immer dicht am Glas heben). Dann gleitet das Glas noch weiter unter dem Geldschein nach vorn weg, ohne daß das Geldstück herabfällt.

Geldschein unter dem Glas

Geldscheinfabrik xx

Material:
Drehmühle, Banknoten.

Vorführung:
Ein Zauberer erlebt es immer wieder, daß der Zuschauer sagt: „Können Sie auch Geld zaubern?“ Und da zeigt der Zauberer die kleine Geldscheinfabrik, legt ein Stück Papier zwischen die Rollen, und beim Drehen erscheint dann der Geldschein.

Lösung:
Drehmühlen gibt es in Zauber- oder Scherzartikelgeschäften. Man kann sie auch wie folgt herstellen:
Die zwei etwa 10 cm langen Rollen schneidet man sich zurecht von Papprollen, die für Kunstblätterversand benutzt werden, oder sägt sich diese von einem stärkeren Rundholz ab. Wie diese Walzen mit einem Gestell drehbar werden, ist aus der Abbildung ersichtlich. Aus Zeichenkarton schneidet man sich ca. 90 cm lange Streifen zurecht, die so breit sind, wie die Walzen. Der Anfang des Streifens wird an die obere Walze ganz fest geklebt und um die ganze Walze gewickelt. Das andere Ende wird an die untere Walze festgeklebt, mit einer Wicklung abdeckend. Jetzt erst werden die Löcher für die Walzen abgemessen, denn es soll etwa 2 mm Luft zwischen beiden Walzen sein.
Vor der Vorführung wird in die Streifenwicklung der oberen Walze der Geldschein versteckt; er wird innen so aufgewickelt, daß etwa eine Kurbeldrehung erforderlich ist, bis der Geldschein auftaucht.
Ein Stück Papier von etwa der Größe des Geldscheins wird vorgezeigt, an die Öffnung der Walzen gelegt und eingekurbelt. Es wird von der Walze versteckt aufgenommen, und dafür erscheint dann der Geldschein. Man kann beispielsweise einen Fünfzigmarkschein einsetzen und 5 Zehnmarkscheine zum Vorschein bringen, hat also eine Wechselmaschine. Dabei müssen 5 Zehnmarkscheine hintereinander vorher eingelegt werden.

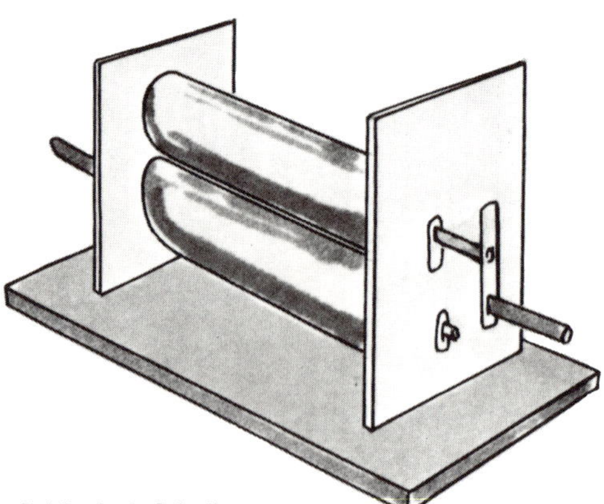
Geldscheinfabrik

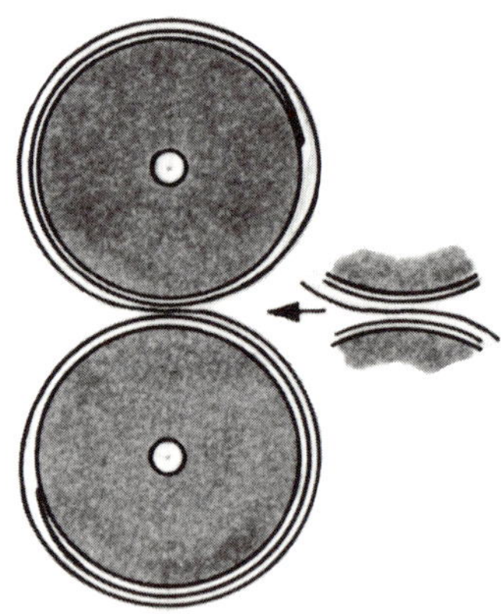

Wo ist das Loch? xx

Material:
1 Geldschein.

Vorführung:
In einem Geldschein wurde sichtbar ein Loch eingerissen, und trotzdem ist es nicht mehr zu sehen.

Lösung:
Der Zauberer zeigt einen Geldschein, der untersucht werden kann. Dann wird der Schein in der Längsrichtung gefaltet (Abb. 1). Die obere Hälfte wird nochmals umgelegt. Nun ist die rechte Ecke zugleich die Mitte des Geldscheins.
An dieser Stelle wird bei a (Abb. 2), deutlich sichtbar für die Zuschauer, der Schein etwa 1 cm tief eingerissen. Nun biegt der Zauberer, ohne daß es die Zuschauer sehen können, diesen eingerissenen Teil nach unten um. Dann dreht der Zauberer den Schein um, wobei er ihn „angeblich" auch bei b einreißt (Abb. 3). In Wirklichkeit geht er mit den Fingerspitzen bzw. Nägeln nur am Rand entlang, um ein Reißen vorzutäuschen. Dabei bleiben Daumen und Zeigefinger dicht am Geld; denn nachdem der Zauberer die Bewegung gemacht hat und diese Ecke nun sichtbar fehlt (in Wirklichkeit umgelegt ist), macht der Zauberer eine Bewegung, als würde er diesen abgerissenen Teil, zwischen Daumen und Zeigefinger haltend, wegnehmen und in die Tasche stecken.
Dann faltet der Zauberer den unteren Teil des Scheins nach oben (dabei unauffällig schon die eingerissene Stelle glätten), dann auseinander (dabei zunächst den Schein mit der Schmalseite zum Publikum zeigen) und zieht nun den Schein straff. Das Loch ist nicht sichtbar, aber auch kein Einriß. Jetzt wird der Schein in voller Breite von beiden Seiten gezeigt.
Die Täuschung wird besonders perfekt, wenn man diese Vorgänge recht langsam zeigt.

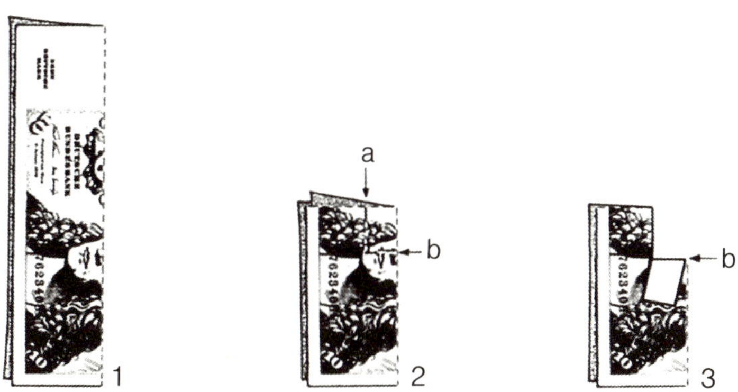

Wo ist das Loch?

Fingerhuttricks

Für Fingerhuttricks braucht man vor allem Fingerfertigkeit, die man sich nur durch viel Übung aneignen kann.

Daumenpalmage

Die Grundlage für Fingerhutgriffe ist die Daumenpalmage. Der Fingerhut kommt auf den Zeigefinger. Wenn der Zauberer diesen Finger dann krümmt, hält er den Fingerhut mit der Daumenwurzel fest (Abb. 1). Nun streckt er den Zeigefinger wieder, der Fingerhut ist verschwunden.

Eskamotage

Im Zusammenhang mit der Fingerhutpalmage wird häufig die Eskamotage angewendet. Man legt den rechten Zeigefinger, auf dem der Fingerhut ist, auf die Innenfläche der linken Hand und schließt dann die linke Hand darüber, aber langsam, also mit dem kleinen Finger beginnend. Dabei drückt der Zauberer die rechte Hand leicht nach vorn und nach oben. Er krümmt den rechten Zeigefinger, bis er ihn aus der linken Faust herausgezogen hat (Abb. 2). In diesem Augenblick wird die Daumenpalmage durchgeführt (Abb. 1).
Nun streckt der Zauberer sofort den rechten Zeigefinger aus, und damit jeder sehen kann, daß der Fingerhut nicht darauf sitzt, deutet er einfach mit dem Finger auf die linke Faust. Mit dieser macht der Zauberer eine reibende Bewegung: Der Fingerhut ist verschwunden.

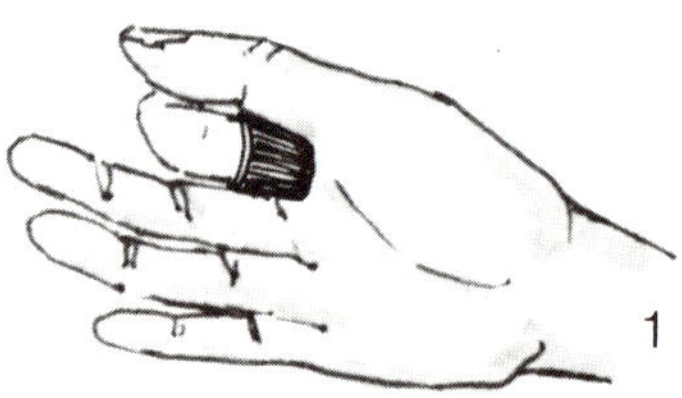
1

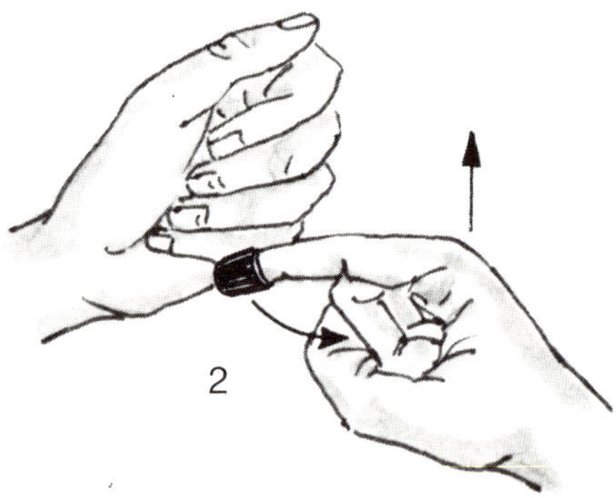
2

Daumenpalmage/Eskamotage

Wanderfingerhut xx

Material:
Ein Fingerhut.

Vorführung:
Der Zauberer steckt einen Fingerhut auf den rechten Zeigefinger (Abb. 1). Plötzlich ist der Fingerhut auf den kleinen Finger übergewechselt (Abb. 2).

Lösung:
Der Zauberer zeigt die ausgestreckte rechte Hand, an deren Zeigefinger der Fingerhut steckt, von beiden Seiten vor. Schließlich sehen die Zuschauer den Rükken der Hand, deren Finger leicht gekrümmt sind. Die Hand wird dabei langsam auf und nieder bewegt. Dabei wird der Fingerhut von Daumen- und Mittelfingerspitzen der rechten Hand erfaßt und vom Zeigefinger gehoben (Abb. 3). Der kleine Finger wird so weit wie möglich zur Mitte der Innenhand gedreht, um ihn unter den Fingerhut zu stecken (Abb. 4). Die Daumen- und Mittelfingerspitzen unterstützen diese Bewegung, indem sie den Fingerhut dem kleinen Finger entgegenrollen. Nach beendigter Wanderung wird die Hand sofort ausgestreckt.

Mephisto-Fingerhut xx

Material:
Zwei Fingerhüte, ein Seidentuch.

Vorführung:
Auf der Spitze seines rechten Zeigefingers hat der Zauberer einen Fingerhut. Er bedeckt nun Finger und Fingerhut mit einem Seidentuch. Plötzlich sitzt der Fingerhut zwar auf dem Finger, aber über dem Tuch. Fingerhut und Tuch werden nun vom Finger gezogen. Es ist nur ein Fingerhut da, das Tuch ist unbeschädigt.

Lösung:
Der eine Fingerhut wird in der Hand palmiert, der andere sitzt sichtbar auf dem rechten Zeigefinger. Der Zauberer bedeckt nun diesen Fingerhut mit dem Tuch, aber unter Deckung des Tuches läßt er ihn in den Westenausschnitt oder in eine Tasche fallen. Nun umschließt der Zauberer mit der linken Hand den rechten Zeigefinger und macht eine Bewegung, als durchstoße er mit dem rechten Finger das Tuch. Im gleichen Augenblick setzt er den zweiten Fingerhut auf den rechten Zeigefinger über das Tuch. Er kann nun Fingerhut und Tuch untersuchen lassen.

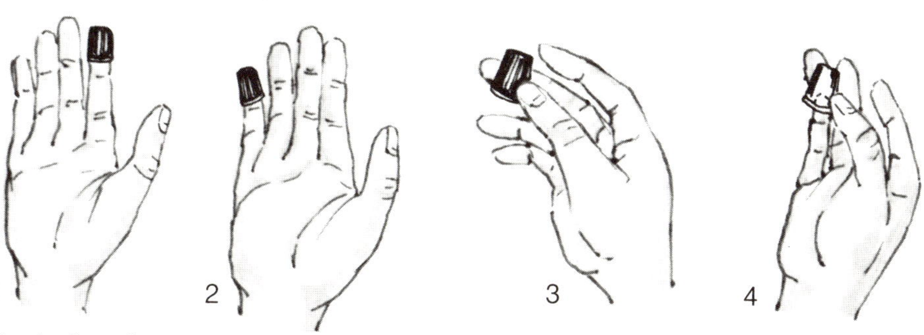

1 2 3 4

Wanderfingerhut

Tatsächlich verschwunden x

Material:
Ein Fingerhut.

Vorführung:
Ein Fingerhut verschwindet vom rechten Zeigefinger. Der Zauberer zeigt beide Hände leer vor.

Lösung:
Der Zauberer steckt einen Fingerhut auf den rechten Zeigefinger (Abb. 1), ballt dann seine linke Hand zur Faust und steckt den Zeigefinger der rechten Hand mit dem Fingerhut in die geballte Faust (Abb. 2). Er sagt: „Ich werde den Fingerhut in der linken Hand zurücklassen." In Wirklichkeit biegt er jedoch den rechten Zeigefinger so weit nach unten, daß er den Fingerhut mit Daumen und Mittelfinger der rechten Hand erfassen kann. Der Zauberer streckt beide Hände nach oben und läßt hierbei den Fingerhut in den rechten Ärmel gleiten (Abb. 3). Dann zeigt er beide Hände nacheinander leer vor. Der Fingerhut ist spurlos verschwunden (Abb. 4).

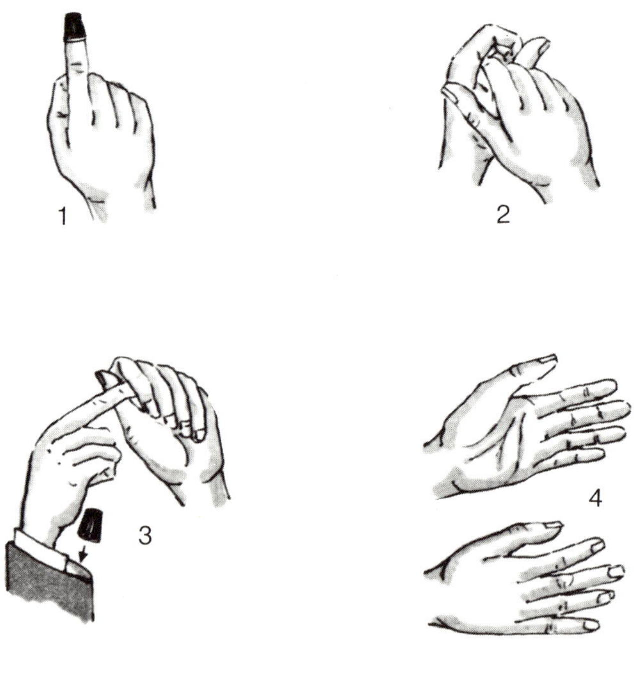

Tatsächlich verschwunden

Blitzfärbung xx

Material:
Ein roter und ein weißer Fingerhut.

Vorführung:
Ein Fingerhut verändert auf der Hand plötzlich die Farbe.

Lösung:
Der rechte Zeigefinger trägt den weißen Fingerhut. In der Daumenwurzel ist der rote Fingerhut verborgen (Abb. 1). Bei „Rechtsstellung“ wird die rechte Hand gestreckt und mit dem Handrücken den Zuschauern vorgezeigt. Durch rasches Abbiegen des Mittelfingers wird der rote Fingerhut abgenommen und der weiße Fingerhut dafür an seine Stelle in die Daumenwurzel gedrückt (Abb. 2). Gleich darauf wird der rote Fingerhut vom Mittelfinger auf den Zeigefinger gebracht, wobei der Zauberer Daumen und Ringfinger zur Hilfe nimmt. Werden diese Griffe durch eine Wurfbewegung der rechten Hand maskiert, so vollzieht sich die Färbung blitzschnell vor den Augen der verblüfften Zuschauer.

1 2

Blitzfärbung

Zaubereien mit Zahlen

Sehr beliebt und in ihrer Wirkung höchst verblüffend sind Zahlenspiele. Unterschiedliche Schwierigkeitsgrade sind hier nicht zu vermerken.

Magisches Quadrat

Material:
Ein quadratisches Feld aus Pappe mit Zahlen (s. Abb.).

Vorführung:
Der Zauberer gibt einem Zuschauer ein Pappquadrat mit Zahlen. Eine davon soll sich der Zuschauer merken. Dann wird das Quadrat auf einen Tisch gelegt. Der Zauberer berührt jetzt mit dem Zauberstab einige Zahlen. Dabei soll der Zuschauer in Gedanken zu seiner gedachten Zahl so oft „Eins" dazuzählen, wie der Zauberer eine Zahl berührt. Hat der Zuschauer die Zahl 25 erreicht, tippt der Zauberer richtig auf die vom Zuschauer gedachte Zahl.

Lösung:
Der Zauberer tippt neunmal auf irgendeine Zahl. Beim zehnten Mal aber tippt er auf die Zahl 15! Ab jetzt tippt der Zauberer (für sich zählend) jedes zweite Mal auf die nächstfolgende kleinere, ungerade Zahl (15, auf 13, 11, 9, 7, 5, 3, 1); dazwischen aber immer (das ist wichtig) auf eine beliebige andere Zahl. Wenn der Zuschauer die Zahl 25 erreicht hat, stimmt die getippte Zahl mit der gedachten überein.

Beispiel: Der Zuschauer hat sich die Zahl 7 gedacht. Er denkt beim

1. Klopfen 8 (nämlich 7 + 1)
2. Klopfen 9 (nämlich 8 + 1)
3. Klopfen 10 (nämlich 9 + 1)
4. Klopfen 11 (nämlich 10 + 1)
5. Klopfen 12 (nämlich 11 + 1)
6. Klopfen 13 (nämlich 12 + 1)
7. Klopfen 14 (nämlich 13 + 1)
8. Klopfen 15 (nämlich 14 + 1)
9. Klopfen 16 (nämlich 15 + 1)

Bis hierher hat der Zauberer neunmal beliebige Zahlen angezeigt. Beim zehnten Klopfen tippt er jedoch auf die 15. Der Zuschauer denkt dann 17. Der Zauberer klopft beim elften Mal wieder auf eine beliebige Zahl (Zuschauer: 18), beim zwölften Mal auf die ungerade 13 (Zuschauer: 19) und so fort, bis der Zuschauer bei 25 angekommen ist.

1	15	3	11
5	11	7	1
9	3	5	13
13	7	15	9

Schnellrechnen

Material:
Eine Wandtafel und Kreide; notfalls tut es auch ein großer Bogen Packpapier, den man mit Kreide oder dickem Filzstift bemalt.

Vorführung:
Der Zauberer schreibt untereinander eine lange Zahlenkolonne an die Tafel. Zehn, ja zwölf bis zu vierstellige Zahlen stehen schließlich da, und noch immer hört er nicht auf. „Bitte, rufen Sie ‚aufhören', wenn es Ihnen genug erscheint", verlangt der Zauberer. „Ich werde Ihnen dann sofort die Summe aller angeschriebenen Zahlen nennen." Erstaunlich – er schafft es tatsächlich.

Lösung:
Dieser Kniff gelingt nur, wenn man mit der Zahl 1 beginnt und darunter jeweils fortlaufend Zahlen schreibt, die doppelt so groß sind wie die vorhergehende. Nach 1 folgt also 2, dann 4, 8, 16, 32, 64, 128, 256, 512, 1024 und so fort. Es schadet nichts, wenn das die Zuschauer merken – vorausgesetzt, man hat eine passende Erklärung zur Hand. Der Kniff bei der Sache: Wenn man von der nach dem Summenstrich folgenden, also nicht mehr hingeschriebenen Zahl eins abzieht, hat man schon das Ergebnis. Die Summe der ersten zwölf Zahlen der Kolonne (1 bis 2048) ist beispielsweise 4096; abzüglich eins ergibt 4095.

Wann geboren?

Material:
Zettel und Stift.

Vorführung:
Der Zauberer behauptet, das Geburtsdatum eines Zuschauers erraten zu können. Nachdem der Zuschauer eine kurze Rechnung durchgeführt hat, nennt er dem Zauberer die Summe. Aus dieser leitet der Zauberer tatsächlich das richtige Datum ab.

Lösung:
Der Zuschauer ist zum Beispiel am 28. 2. 1936 geboren.
Der Zauberer läßt ihn nun rechnen:
Geburtstag x 20 + 3 x 5 + Geburtsmonatszahl x 20 + 3 x 5 + die beiden letzten Ziffern des Geburtsjahres.
Nun soll der Zuschauer dem Zauberer die Endsumme nennen. Davon wird die Zahl 1515 abgezogen. Das Ergebnis zeigt das Geburtsdatum.
Beispiel:

28 x 20 =	560
+ 3 =	563
x 5 =	2815
+ 2 =	2817
x 20 =	56340
+ 3 =	56343
x 5 =	281715
+ 36 =	281751
–	1515
	28.02.36

An eine Zahl denken

Vorführung:
Ein Zuschauer soll sich eine Zahl von 1 bis 9 denken und diese Zahl dann mit 6 multiplizieren. Das Ergebnis soll er durch 2 dividieren und dieses Ergebnis wiederum mit 3 multiplizieren. Das Ergebnis wird dem Zauberer mitgeteilt. Dieser nennt dann die gedachte Zahl.

Lösung:
Das Ergebnis, das der Zuschauer nennt, teilt der Zauberer durch 9. Das Ergebnis ist die gedachte Zahl.

Beispiel: gedachte Zahl = 5

5 x 6 = 30
30 : 2 = 15
15 x 3 = 45

---

45 : 9 = 5

Zahlenspiel

Vorführung:
Der Zauberer errät eine vom Zuschauer gedachte Zahl zwischen 1 und 10.

Lösung:
Der Zauberer läßt die gedachte Zahl x 4 rechnen, das Ergebnis durch 2 teilen und dieses Ergebnis mit 7 malnehmen. Das Resultat läßt er sich nennen. Er teilt es durch 14 und hat die gedachte Zahl.

Beispiel: (5) x 4 = 20
: 2 = 10
x 7 = 70
: 14 = 5

Bis 100 zählen

Vorführung:
Der Zauberer und ein Zuschauer nennen laufend eine Zahl zwischen 1 und 10 und zählen sie zusammen. Wer 100 nennen kann, ist Sieger. In diesem Fall ist das immer der Zauberer. Beispiel: Der Zuschauer nennt 6, der Zauberer nennt auch 6 = 12; dazu muß der Zuschauer seine nächste Zahl zählen, etwa 8 = 20. Der Zauberer nennt jetzt die 3 = 23 und so fort.

Lösung:
Der Zauberer wird stets gewinnen, denn er achtet darauf, daß er stets auf folgende Zahlen kommt: 12, 23, 34, 45, 56, 67, 78, 89.

Lieblingszahl 12345679

Material:
Papier und Bleistift.

Vorführung:
Der Zauberer fragt einen Zuschauer nach seiner Lieblingszahl von 1 bis 9. Wurde zum Beispiel die 6 genannt, soll der Zuschauer 12345679 x 54 rechnen. Ergebnis: 666666666. Ist die Lieblingszahl etwa 4, soll der Zuschauer 12345679 x 36 rechnen. Ergebnis: 444444444.

Lösung:
Der Zauberer rechnet die vom Zuschauer genannte Zahl jeweils mal 9. Mit 12345679 (es fehlt dabei die 8) multipliziert, erscheint stets die Lieblingszahl in „mehrfacher Ausführung“; also bei 2 = x18, 3 = x27, 4 = x36, 5 = x45, 6 = x54, 7 = x63, 8 = 72, 9 = x81.

Zauberkiste für Anfänger

Mit verschiedenen einfachen Requisiten lassen sich schnell zu erlernende Tricks vorführen, mit denen man sein Publikum verblüffen kann. Alle Tricks in dieser Gruppe gehören zur einfachen Art mit einem x.

Das Streckbett x

Material:
Zwei gleich große Kisten, ein Deckbett, ein großes Laken.

Vorführung:
Beim Aufziehen des Vorhangs, oder – falls das Kunststück im Zimmer vorgeführt wird –, beim Öffnen der Tür erblicken die Zuschauer eine Art Bett, auf dem scheinbar eine Person lang ausgestreckt liegt. Der Kopf, die Hände und die Beine ragen unter dem Deckbett hervor.
Der Zauberer betont in seinem Vortrag, daß er in der Lage sei, Personen in Riesen zu verwandeln. Hierauf erfaßt er die Bettstelle mit beiden Händen an einer der Schmalseiten und zieht daran – die Person wird länger und länger; hierbei bewegt sie Füße, Hände und Kopf.

Lösung:
Für diesen wirkungsvollen Bühnentrick hat der Zauberer zuvor die beiden großen Kisten zusammengeschoben. In den Kisten haben zwei Personen Platz genommen, von denen die eine den Kopf und die

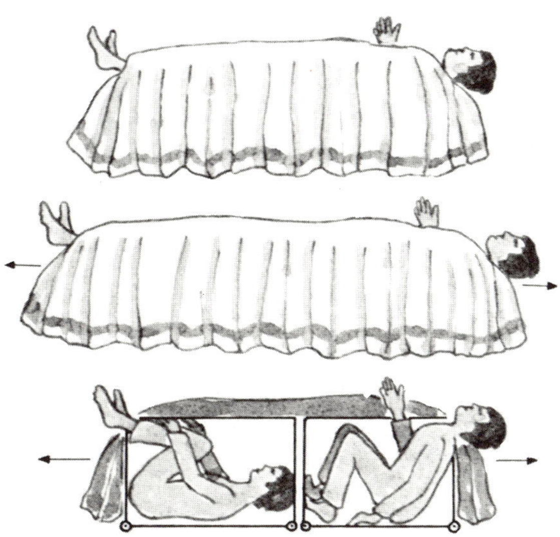

Streckbett

Arme, die andere die Beine herausstreckt. Über die Kisten werden ein Deckbett und ein großes Laken gebreitet. Alles andere ergibt sich von selbst. Die Kisten werden so weit auseinandergezogen, wie die Größe des Lakens es erlaubt. Die unbequeme Lage der Gehilfen wird durch Kissen und dergleichen gemildert und – durch entsprechenden Applaus belohnt.

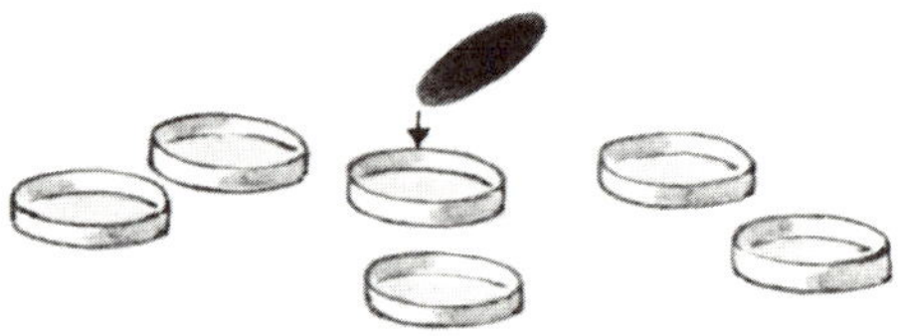

Wo ist Rot? x

Material:
Drei Dosen (innen schwarz), zwei rote Scheiben, zwei schwarze Scheiben.

Vorführung:
Auf dem Tisch liegen drei geöffnete Dosen und eine rote, runde Scheibe. Die beiden äußeren Dosen werden verschlossen. Dann legt der Zauberer die rote Scheibe in die mittlere Dose und verschließt auch diese. Die drei Dosen werden jetzt untereinander verschoben, wobei die Zuschauer die Dose im Auge behalten müssen, in der sich die rote Scheibe befindet. Nun fragt der Zauberer: „In welcher Dose ist die Scheibe?" Natürlich werden die Zuschauer die richtige Dose bezeichnen. Die Dosen werden hierauf geöffnet, doch die bezeichnete ist leer, während sich die Scheibe in einer ganz anderen Dose befindet. Dieses unterhaltende Kunststück kann beliebig oft wiederholt werden.

Lösung:
Man benutzt drei der bekannten Münzendosen, die gewöhnlich zum Verschwinden- und Erscheinenlassen von Münzen gebraucht werden. Ferner benötigt man

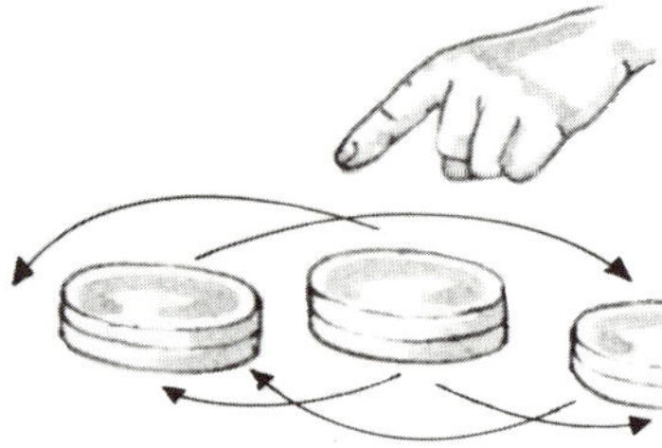

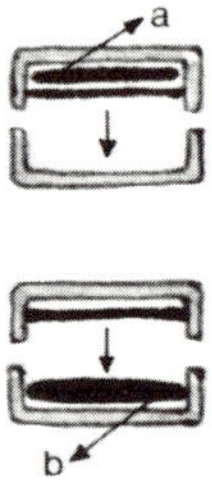

Wo ist Rot?

zwei rote Scheiben. Die eine Scheibe liegt im Deckel der ersten Dose, bedeckt mit einer schwarzen Scheibe. Schwarz muß auch das Innere der Dose sein. Im Deckel der zweiten Dose liegt nur eine schwarze Scheibe. Die dritte Dose ist nicht präpariert. In die mittlere Dose wird die rote Scheibe gelegt. Wenn nun die Dosen verschlossen werden, fällt die schwarze Scheibe der mittleren Dose auf die rote Scheibe, so daß diese nachher verschwunden ist. Bei der ersten Dose fallen die schwarze und die rote Scheibe herunter, wobei die rote oben liegt und später zu sehen ist.

Es lassen sich viele Kombinationen dieser Idee ausführen. Die Dosen gibt es in Zaubergeschäften, falls man sie sich nicht selbst anfertigen will.

Ballonstechen x

Material:

Ein Luftballon, ein dicke, lange Nadel mit eingefädeltem Band, Tesafilm.

Vorführung:

Der Zauberer zeigt einen aufgeblasenen Luftballon vor, der mit einem Gesicht bemalt ist. Dann nimmt er eine lange Nadel und sticht in den Ballon, ohne daß er platzt. Die Nadel wird noch weiter geführt, bis sie auf der anderen Seite des Ballons wieder herauskommt, und auch das eingefädelte Band wird durchgezogen. Zum Schluß sticht der Zauberer nochmals an einer anderen Stelle in den Ballon, worauf dieser zerplatzt.

Lösung:

Man bläst den Ballon auf und klebt auf die vorgesehene Ein- und Ausstichstelle ein 1 cm breites Stück Tesafilm. Die Bemalung des Ballons bewirkt, daß man die Klebestellen nicht erkennen kann.

Der Tesafilm verhindert das plötzliche Platzen des Ballons. Langsam entweicht dann aber doch die Luft, weshalb der Zauberer den Ballon zum Schluß zerplatzen läßt.

Die Nadel soll nicht zu dick sein. Man kann auch auf den Faden verzichten und etwa einen längeren Stift benutzen, der gut zugespitzt ist.

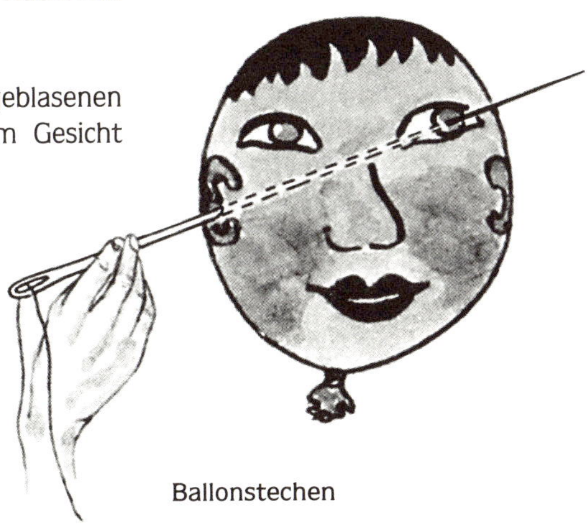

Ballonstechen

Papierringe x

Material:
Drei Papierstreifen von mindestens 100 cm Länge und 3 cm Breite.
Vorführung:
Der Zauberer nimmt drei Papierringe und schneidet jeden davon in Längsrichtung durch.
Aus dem ersten Ring entstehen wie erwartet zwei schmalere Ringe, aus dem zweiten wird jedoch ein großer Ring. Wo der dritte Ring war, sind jetzt zwei, die wie Kettenglieder ineinanderhängen.
Lösung:
Vor der Vorstellung wird der erste Streifen an den Enden zu einem gewöhnlichen Ring zusammengeklebt. Den zweiten Streifen dreht der Zauberer einmal, ehe er ihn ebenfalls zusammenklebt. Der dritte schließlich wird vor dem Zusammenkleben zweimal gedreht. Beim Durchschneiden des zweiten und dritten Ringes müssen die Streifen einmal gewendet und glatt gelegt werden, wenn die Schere in die Nähe der Stelle kommt, an der der Ring verdreht ist. Das Publikum erkennt an den großen Ringen die Drehungen vorher nicht.

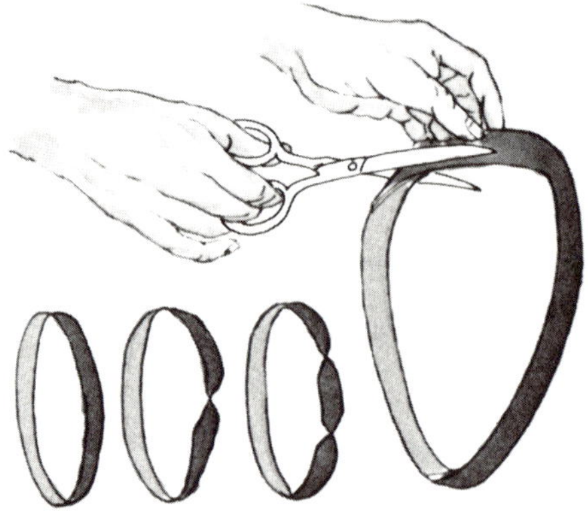

Papierringe

Pappbogen bleibt aufrecht stehen x

Material:
Ein Tisch mit Servante (Ablage), eine Flasche, ein Stück dünne Pappe (etwa 30 cm x 40 cm).
Vorführung:
Der Zauberer zeigt ein Stück Pappe von beiden Seiten vor ohne es zu knicken und legt es dann auf den Tisch. Er zeigt auch die Hände leer vor. Nun versucht er, die Pappe aufrecht auf die Tischplatte zu stellen. Die beiden ersten Male gelingt das nicht; der Bogen fällt immer wieder um, was ja natürlich ist. Beim dritten Mal bleibt der Bogen jedoch tatsächlich aufrecht stehen.
„Das kann nun jedem gelingen", sagt der Zauberer, „denn sehen Sie – (bei diesen Worten nimmt er den Bogen fort), ich habe den Bogen einfach gegen diese Flasche gelehnt." Für die Zuschauer ist plötzlich eine Flasche erschienen, die vorher nicht da war. Denn auf dem Tisch befand sich ja nichts als der Bogen Pappe.
Lösung:
Die Flasche lag vorher auf einer Servante hinter dem Tisch. Die beiden ersten Versuche, wobei der Bogen noch nicht stehen blieb, sollen die Zuschauer täuschen. Es muß dabei darauf geachtet werden, daß der Bogen stets so fällt, daß er zu einem

Drittel über die hintere Tischkante hinausragt und die dort liegende Flasche verdeckt. Die Flaschenöffnung ist dabei dem Zuschauer zugekehrt. Sie soll so bemessen sein, daß der Zeigefinger des Zauberers gerade hineinpaßt. Beim dritten Aufstellen des Bogens steckt der Zauberer unbemerkt den rechten Zeigefinger in die Flaschenöffnung, holt die Flasche unter Deckung des Bogens nach oben und stellt sie geräuschlos hin. Für die Zuschauer muß dies so aussehen, als ob der Zauberer nochmals einen Versuch machen wolle, den Bogen ohne Stütze hinzustellen. Darüber, daß der Bogen nun tatsächlich stehen bleibt, zeigt sich der Zauberer zuerst selbst verwundert, bis er scheinbar die Flasche entdeckt. Für die Zuschauer ist das unerwartete Auftauchen der Flasche unbegreiflich.

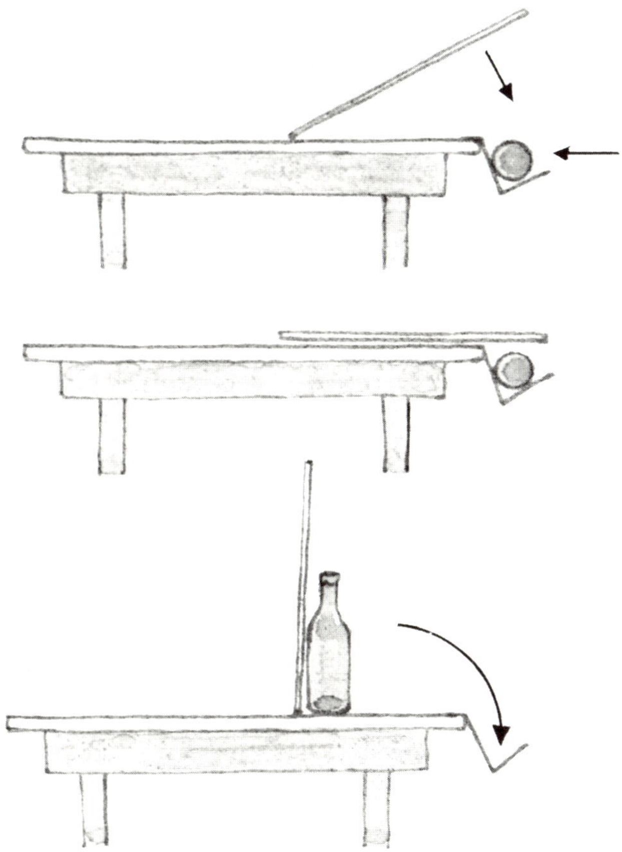

Pappbogen bleibt aufrecht stehen

Schwimmende Nadel x

Material:

Eine Nadel, eine Gabel, ein Blatt Papier.

Vorführung:

Der Zauberer hat vor sich eine Tasse mit Wasser stehen. Er nimmt eine Steck- oder Nähnadel und sagt: „Die Nadel hat etwa ein spezifisches Gewicht von acht, das heißt, sie ist achtmal schwerer als Wasser. Sie müßte eigentlich im Wasser, das in dieser Tasse ist, untergehen. Versuchen wir es einmal. Wir wollen aber erst die Nadel gut abwischen." Der Zauberer nimmt ein Tuch und wischt die Nadel ab. Dann legt er sie auf eine Gabel (Abb. 1) und senkt diese langsam in die Tasse mit Wasser. Im Wasser zieht der Zauberer langsam die Gabel unter der Nadel weg – die Nadel schwimmt an der Wasseroberfläche und geht nicht unter. Nun läßt der Zauberer den gleichen Versuch von einem Zuschauer vornehmen, die Nadel wird untergehen.

Lösung:

Der Zauberer hat absichtlich vorher die Nadel abgewischt. Das gab ihm Gelegenheit, sie mit etwas Fett einzureiben, mit dem ein Teil des Tuches präpariert ist. Die Vorführung mit der Gabel muß langsam vor sich gehen, dann wird das Experiment gelingen. Wenn der Zuschauer das gleiche versucht, wischt der Zauberer wieder die Nadel ab, gibt dabei aber kein Fett an die Nadel, sondern entfernt auch das wenige, das sich noch daran befindet. Man kann den gleichen Versuch machen, indem man die gefettete Nadel auf ein kleines Stück Seidenpapier legt (Abb. 2) und beides vorsichtig auf das Wasser setzt. Das Papier sinkt, die Nadel schwimmt.

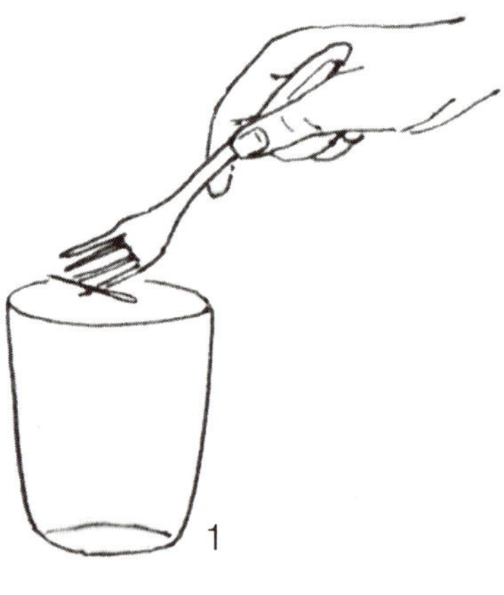

1

2

Schwimmende Nadel

Bunte Tricks für Fortgeschrittene

Mit Papier und Bändern, mit Bildkarton und Gummiringen, mit allerlei also, was im Haushalt vorhanden ist, wird hier gezaubert. Die hier folgenden Tricks sind mit zwei Kreuzen als nicht mehr ganz so leicht gekennzeichnet.

Buchstabenraten xx

Material:
Fünf Karten mit den Buchstaben A, B, C, D, E, fünf Umschläge.

Vorführung:
Der Zauberer zeigt fünf Buchstabenkarten vor und gibt einem Zuschauer die Buchstabenkarte A und einen Umschlag. Der Zuschauer soll die Karte in den Umschlag stecken und diesen verschließen. Das gleiche erfolgt mit den anderen vier Buchstaben. Nun wird alles gut gemischt. Der Zauberer ist trotzdem in der Lage zu sagen, welcher Buchstabe in welchem Umschlag ist.

Lösung:
Vier der Umschläge sind gekennzeichnet, und zwar auf der Verschlußseite mit jeweils einem Punkt in der Ecke. Umschlag 1 hat einen Punkt links unten. In diesen Umschlag kommt die Karte mit dem Buchstaben A. Umschlag 2 hat einen Punkt links oben, er ist für den Buchstaben B bestimmt. Umschlag 3 hat den Punkt rechts oben für den Buchstaben C, Umschlag 4 rechts unten für den Buchstaben D. Der fünfte Umschlag für den Buchstaben E hat keinen Punkt. Der Zauberer hat die Umschläge in dieser Reihenfolge mit der Verschlußseite oben bereitliegen und gibt sie nacheinander den Zuschauern. Die Punkte nur ganz schwach zeichnen!
Die Buchstabenkarten werden ebenfalls in der Reihenfolge A, B, C, D, E dem Zuschauer gegeben, damit er sie in den dazugehörigen Umschlag steckt. So kann der Zauberer auch nach dem Mischen der Umschläge genau sagen, in welchem Umschlag welcher Buchstabe ist.

Buchstabenraten

Rätselhafte Ringentfesselung xx

Material:
Ein Band oder Faden (etwa 150 cm lang), ein Ring.

Vorführung:
Der Zauberer zeigt ein Band oder einen Faden vor und verknotet die beiden Enden miteinander, so daß das Band ein geschlossenes Ganzes bildet. Dann leiht er sich von einem Zuschauer einen Ring, führt das Band hindurch und spannt es so, daß der Ring sich etwa in der Mitte des Bandes befindet. Nun läßt er das Band von einem Zuschauer mit den Daumen beider Hände halten. Ohne das Band von den Daumen des Zuschauers abzunehmen, befreit der Zauberer den Ring vom Band.

Lösung:
Auf der Abbildung steht „re" für die rechte Hand, „li" für die linke Hand des Zuschauers. Nachdem das Band richtig gehalten wird, legt der Zauberer seinen linken Daumen auf das Doppelband in unmittelbarer Nähe des Daumens der rechten Hand, also an die mit „a" bezeichnete Stelle. Er ergreift dann mit der rechten Hand den unteren Teil des Bandes vor dem Ring – etwa an der mit „b" bezeichneten Stelle und hakt ihn über den Daumen der rechten Hand des Zuschauers, also über seinen eigenen, auf dem Band liegenden linken Daumen hinweg. Nun erfaßt der Zauberer den oberen Teil des Bandes hinter dem Ring – etwa an der mit „c" bezeichneten Stelle – und hakt auch ihn über den Daumen der rechten Hand des Zuschauers. Zieht jetzt der Zauberer seinen linken Daumen aus den sich bei diesen Vorgängen gebildeten Schlingen heraus und läßt das Band von dem Zuschauer stramm anziehen, dann löst sich der Ring.

Rätselhafte Ringentfesselung

Richtig tippen xx

Material:
Fünf Briefumschläge, ein Namenszettel, fünf Karten mit Namen.

Vorführung:
Der Zauberer zeigt fünf Umschläge und fünf Karten mit je einem Namen vor. In jeden Umschlag steckt er eine Namenskarte. Die Umschläge mischt der Zauberer und legt sie ausgebreitet auf den Tisch. Dann erhält ein Zuschauer einen Zettel, auf dem fünf Namen stehen. Der Zuschauer soll sich davon stillschweigend einen Namen merken.

Der Zauberer sagt nun: „Sie haben einen Namen gewählt. Ich tippe jetzt mit dem Zauberstab nacheinander auf die Umschläge. Sie sollen dabei im Stillen den von Ihnen gewählten Namen buchstabieren, wobei ch als zwei Buchstaben gilt. Wenn Sie beim letzten Buchstaben Ihres gewählten Namens angelangt sind, sagen Sie ‚Halt'. Der Umschlag wird dann die Karte mit dem von Ihnen gewählten Namen enthalten!"

So wird es durchgeführt. Der Zauberer hat zum Schluß tatsächlich den richtigen Namen im Umschlag!

Lösung:

Von vier der fünf Umschläge wurde je eine winzige Ecke abgeschnitten. Beim Umschlag 1 links unten, bei Umschlag 2 links oben, bei Umschlag 3 rechts oben und bei Umschlag 4 rechts unten. Der fünfte Umschlag wurde belassen, wie er ist.

Die Namensliste ist so aufgebaut, daß „Udo" drei Buchstaben hat, der Zauberer steckt ihn in Umschlag 1, „Karl" hat vier Buchstaben und kommt in Umschlag 2 und so fort. „Peter" hat fünf Buchstaben und kommt in den unversehrten Umschlag. Wenn die Umschläge nach dem Mischen auf dem Tisch liegen, natürlich mit der Verschlußseite nach oben, stellt der Zauberer insgeheim fest, wo welcher Umschlag liegt. Mit dem Zauberstab tippt er dann zweimal einen beliebigen Umschlag an. Beim dritten Mal tippt er jedoch auf Umschlag 1 (es fehlt links unten der Abschnitt), beim vierten Mal auf Umschlag 2 und so fort, bis der Zuschauer ‚Halt' sagt. Es ist der richtige Umschlag.

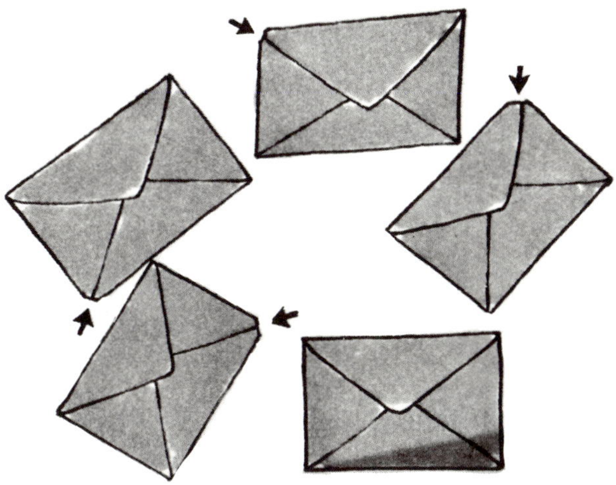

Richtig tippen

Drinks-Produktion xx

Material:

Drei Röhren ohne Boden, eine jeweils etwas weiter als die andere, in den Farben Rot, Gelb und Blau, drei Gläser.

Vorführung:

Drei Röhren, rot, gelb und blau, stehen auf dem Tisch. Der Zauberer nimmt jede und zeigt sie leer vor. Dann schiebt er eine in die andere zum Beweis, daß in ihnen nichts verborgen sein kann. Schließlich werden die Röhren nebeneinander auf den Tisch gestellt und nach einer magischen Beschwörung hochgehoben. Unter jeder Röhre erscheint ein gefülltes Glas.

Lösung:

Die Röhren stehen nebeneinander auf dem Tisch. Wichtig ist, daß sie ineinander passen. Die rote Röhre ist leer, die gelbe Röhre enthält zwei Gläser, die aufeinander stehen. In der blauen Röhre ist ein gefülltes Glas versteckt.

Der Zauberer nimmt nun die rote Röhre auf, zeigt sie leer vor und steckt sie in die gelbe Röhre. Dann nimmt er die gelbe Röhre hoch, zeigt sie leer vor und setzt sie in die blaue Röhre. Jetzt zeigt er die blaue Röhre vor und schiebt sie über die rote Röhre. Wenn der Zauberer jetzt die rote Röhre aus der blauen herauszieht, nimmt er das obere Glas mit und setzt Glas und Röhre auf den Tisch. Er braucht jetzt nur die Röhren hochzuheben, und die gefüllten Gläser erscheinen.

Wichtig ist, daß die Röhren nicht zu hoch angefertigt werden, damit der Zauberer das eine Glas erfassen kann.

Drinks-Produktion

Magie für Meister

Wer sich inzwischen die nötige Finger fertigkeit erworben hat und seine Zuschauer gekonnt bluffen kann, mag sich nun an diese Tricks heranwagen, für die schon ein paar Vorbereitungen nötig sind. Der Schwierigkeitsgrad ist mit drei bis fünf Kreuzen für die Meisterklasse gedacht.

Unverletzter Luftballon xxxx

Material:
Eine präparierte Röhre, ein Ballon, ein kleiner Dolch, eine Stecknadel.

Vorführung:
Der Zauberer zeigt eine Röhre vor. Zum Beweis, daß sie leer ist, führt er den Zauberstab hindurch. Dann steckt er einen länglichen, nicht aufgeblasenen Luftballon durch die Röhre, hält den unteren Teil des Ballons anfangs fest und bläst den Ballon dann auf, so daß er beiderseits der Röhrenöffnung erscheint. Nun wird der Ballon zugebunden. Der Zauberer nimmt einen Dolch und sticht durch die Röhre und durch den Ballon (Abb. 1), ohne daß der Ballon platzt. Der Dolch wird herausgezogen und der Ballon mit der Stecknadel zum Platzen gebracht.

Lösung:
Die Röhre ist innen schwarz. In der Mitte befinden sich gegenüberliegend zwei Öffnungen für den Dolch. Sie werden durch ene Plastikröhre verbunden, durch die später der Dolch gesteckt wird. Damit diese Führung hält, wird sie an ihren Enden jeweils mit einem durchbohrten, schwarz gefärbten Korkenstück versehen und in der Röhre festgeklebt (Abb. 2). Der Ballon wird dann seitlich an dieser Plastikführung vorbeigeführt. Er kann dadurch nicht verletzt werden.

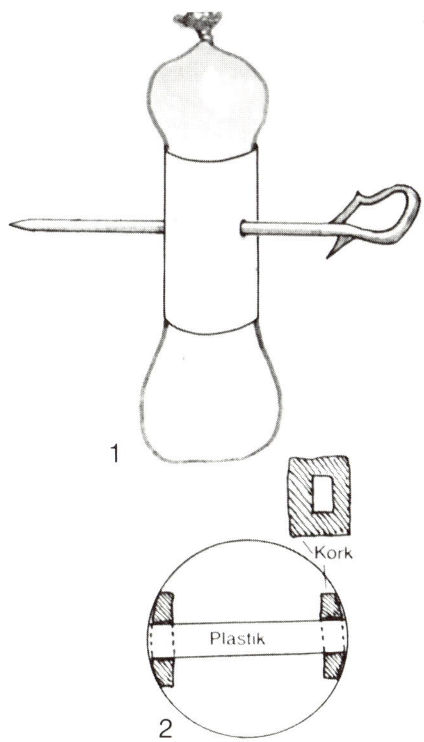

Unverletzter Luftballon

Tantalusbecher xxx

Material:
Zwei Becher, die mit einem Plastikschlauch verbunden sind, eine farbige Flüssigkeit, ein Tuch, ein Auffanggefäß.

Vorführung:
Der Zauberer zeigt einen leeren Becher vor und bedeckt ihn dann mit einem Tuch. Nach einigen magischen Beschwörungsformeln zieht er das Tuch weg – der Becher ist plötzlich mit einer Flüssigkeit gefüllt. Der Zauberer führt das Glas zum Mund, um daraus zu trinken, da ist die Flüssigkeit plötzlich wieder verschwunden. Verwundert läßt er den Arm sinken und betrachtet den Becher, der aber nun auf einmal wieder gefüllt ist.

Lösung:
Die beiden Becher haben unten eine Öffnung und sind an dieser Stelle mit einem Plastikschlauch verbunden. Den einen Becher verbirgt der Zauberer vor der Vorstellung unter dem Jacket in der inneren rechten Brusttasche. Den zweiten Becher schiebt er durch den rechten Ärmel. Der Schlauch ist genauso lang wie dieser, so daß der zweite Becher in der rechten Hand zu liegen kommt, die Zuschauer vom Schlauch aber nichts sehen können. Den verborgenen Becher füllt der Zauberer mit einer farbigen Flüssigkeit. So betritt er die Bühne, wobei er den leeren Becher etwa in Brusthöhe hält. Nun bedeckt er ihn mit dem Tuch, wobei er den rechten Arm mit dem Becher sinken läßt. Die Flüssig-

Tantalusbecher

keit fließt nun aus dem verborgenen Becher in den anderen. Der Zauberer zieht das Tuch weg, jeder kann den gefüllten Becher sehen. Wenn er diesen nun anhebt, um daraus zu trinken, fließt die Flüssigkeit zurück in den verborgenen Becher. Ebenso erscheint sie wieder im anderen, sobald der Zauberer den rechten Arm sinken läßt.

Der Zauberer gießt die Flüssigkeit in ein bereitstehendes Gefäß. Dabei reißt er den Schlauch vom Becher in der Hand ab und läßt ihn verschwinden. Eventuell kann er nun noch aus einer geheimen Ablage am Tisch einen unversehrten, gleichaussehenden Becher herbeizaubern und den Zuschauern diesen zur Überprüfung geben.

Wasser aus der Illustrierten xxx

Material:

Eine Illustrierte mit eingeklebtem Plastikbeutel, ein Glas Wasser.

Vorführung:

Der Zauberer blättert vor den Zuschauern in einer Illustrierten. Dann nimmt er ein Glas Wasser und gießt es in die zusammengelegt Illustrierte. Es kommt kein Wasser heraus, obwohl er die Illustrierte sogar nach unten und dann ganz umdreht. Dann nimmt der Zauberer das leere Wasserglas und schüttet aus der völlig trocken gebliebenen Illustrierten das Wasser hinein.

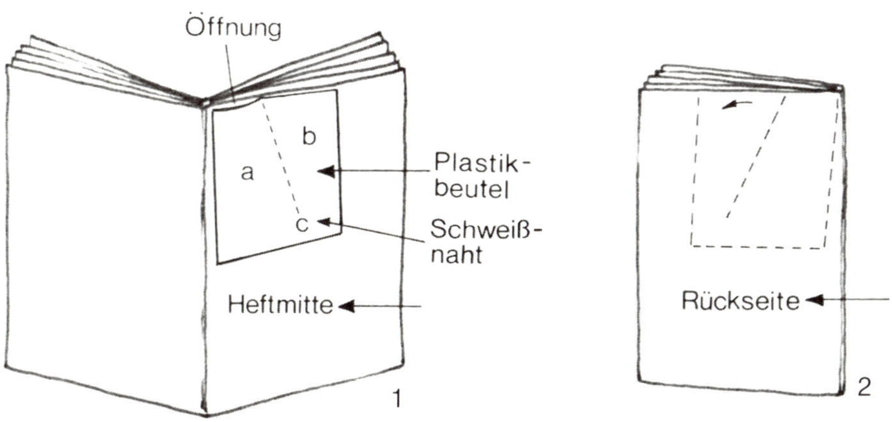

Wasser aus der Illustrierten

Lösung:
In der Mitte der Illustrierten ist zwischen zwei Blättern ein Plastikbeutel eingeklebt (Abb. 1, S. 149). Dieser Beutel hat nur oben seitlich eine etwa 10 cm große Öffnung. In der Mitte ist er schräg so zusammengeschweißt (c), daß das Wasser von Teil a gerade noch durch eine etwa 5 cm große Öffnung in den Teil b fließen kann. Teil b ist oben am Rand verschlossen. Der Zauberer zeigt die Illustrierte, nachdem er sie vorgeblättert hat, dem Zuschauer geschlossen vor, so daß das Deckblatt zu sehen ist. Nun gießt er das Wasser in die mit einem Finger aufgehaltene abgespreizte Öffnung des Plastikbeutels. Auf der Rückseite der Zeitung hat der Zauberer oben einen kleinen Pfeil angebracht (Abb. 2, S. 149), so daß er weiß, in welche Richtung er die Zeitung langsam drehen kann, damit kein Wasser wieder herausfließt. Umgekehrt gedreht, fließt dann das Wasser wieder heraus. Die Zeitung bleibt trocken.

Rot – Weiß xxx

Material:
Eine rote Karte, eine weiße Karte, 30 rot/weiße Karten, ein Kartongestell. (Die Karten werden aus dickem Papier angefertigt; die Rückseiten sind alle gleich gemustert.)

Vorführung:
Ein Kartenpaket wird gemischt und gefächert den Zuschauern gezeigt (Abb. 1). Es sind rote und weiße Karten. Die Rückseiten werden auch gezeigt, und zwar einzeln von nahezu allen Karten, so daß die Zuschauer feststellen können, daß alle Rückseiten gleich sind. Dann werden eine rote und eine weiße Karte mit der Farbseite nach vorn auf das Kartengestell gelegt. Die anderen Karten werden mit der Farbseite nach unten vor das Gestell gelegt (Abb. 3). Der Zauberer nimmt von diesem Kartenpaket eine Karte und zeigt sie mit der Rückseite den Zuschauern. Diese sollen sagen, ob es eine rote oder eine weiße Karte sein könnte. Entscheidet man sich für „Rot", wird diese Karte verdeckt neben die rote Karte gestellt; heißt es „Weiß", dann neben die weiße Karte. Das wird so lange durchgeführt, bis alle Karten aufgeteilt sind. Der Zauberer fächert nun die neben Rot liegenden Karten auf: Sie sind alle rot! Das gleiche ist bei Weiß der Fall.

Lösung:
30 Karten sind diagonal zur Hälfte rot und zur Hälfte weiß (Abb. 2), was der Zuschauer aber nicht weiß. Beim Vorzeigen der aufgefächerten Karten (Abb. 1) liegen oben sichtbar die zwei ganzseitig rot oder weiß gefärbten Karten (Abb. 2 b, c) und dahinter die 30 zweifarbigen Karten, so daß die Zuschauer annehmen müssen, es seien stets rein rote oder weiße Karten. Dann legt der Zaubrer die Karten zusammen und zeigt die Rückseiten, und zwar jeweils die ganze Fläche. Nun nimmt er die ganz rote und weiße Karte aus dem Spiel (die Karten nicht umdrehen, damit die Zuschauer nicht die anderen geteilten Karten sehen können) und stellt sie auf den Ständer. Das Kartenpaket wird mit der Rückseite nach oben vor das Gestell gelegt.

Alle halbierten Karten haben auf der Rückseite in einer Ecke einen kleinen Punkt (a). Das ist für den Zauberer ein Zeichen, daß auf der Vorderseite hier die weiße Hälfte ist. Entscheiden sich die Zuschauer für Weiß, so stellt er die Karte so zu der ganz weißen Karte auf das Gestell, daß der Punkt nach unten zeigt. Wird „Rot“ gesagt, kommt die Karte mit dem Punkt links oben neben die rote Karte.

Wenn alle Karten verteilt sind, nimmt der Zauberer das Paket „rote“ Karten und zugleich die ganzflächig rote Karte. Diese legt er beim Auffächern wieder so auf die nächste halbierte Karte, daß deren weiße Hälfte verdeckt ist. Alle Karten erscheinen rot. Das gleiche wird mit dem anderen Stoß vorgeführt.

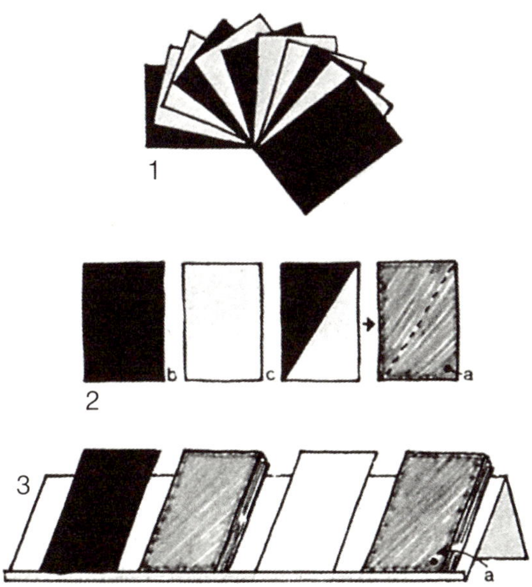

Rot – Weiß

Atomzertrümmerung xxx

Material:

Mehrere Stücke Würfelzucker, ein Glas, ein weicher Bleistift, ein Fläschchen mit einer beliebigen Flüssigkeit.

Vorführung:

Lassen Sie sich nicht durch eventuelle anfängliche Mißerfolge entmutigen. Dieser Trick ist zu schön, als daß man ihn nicht erlernen sollte. Er ist einer der selten vorgeführten Tricks, und er ist auch einer der ältesten. Deshalb üben Sie ihn gut!

Der Zauberer beschriftet ein Stück Zucker und legt es in ein Glas. Ein Zuschauer hält die Hand darüber, und plötzlich ist das Zeichen vom Zucker auch auf der Hand des Zuschauers zu sehen – eine Transmutation zertrümmerter Atome?

Lösung:

„Ich habe hier mehrere Stücke Würfelzucker“, sagt der Zauberer zu einem Zuschauer, „wählen Sie eines aus.“ Das gewählte Stück legt der Zauberer auf den Tisch. „Bitte nennen Sie mir einen Buchstaben, eine Zahl, ein Zeichen, das ich auf dieses Stück Zucker schreiben soll.“ Nehmen wir an, es ist eine 3 verlangt worden. Der Zauberer schreibt diese 3 auf den Zucker, und zwar mehrmals dick aufeinander (Abb. 1, S. 152). Er verwendet dazu einen sehr weichen Bleistift. Nun legt er den Zucker in das Glas. Bei dieser Bewegung hält der Zauberer den Zucker so zwischen Daumen und Zeigefinger, daß er dabei unbemerkt den Daumen gegen die 3 preßt; dadurch wird die 3 auf den Daumen gedrückt (Abb. 2, S. 152). Nun legt er den Zucker in das Glas. Dazu gibt er einige Tropfen irgendeiner Flüssigkeit, die in einem Fläschchen auf dem Tisch steht – Alkohol macht es spannender. Dann bittet der Zauberer einen Zuschauer: „Legen Sie bitte die Hand über das Glas!“ Erfahrungsgemäß legt derjenige die Hand immer auf das Glas. „Verzeihung, ich hatte gesagt: über das Glas, nicht auf das Glas.“ Dabei faßt der Zauberer mit der rechten Hand die Hand des Zuschauers so, daß sich das Zeichen vom rechten Daumen im Handinnern des Zuschauers abdrückt (Abb. 1, 3 und 4). „Bitte achten Sie nun darauf, daß ich Ihre Hand nicht anrühre, auch nicht mit diesem Zauberstab“, sagt der Zauberer. Dabei vergißt der Zuschauer erfahrungsgemäß immer, daß die Hand vorher ja bereits berührt wurde. Der Zuschauer hält die Hand nun über das Glas, wobei der Zauberer den Zauberstab mehrmals zwischen Hand und Glas hin und her bewegt. Er läßt dann die Hand umdrehen, die 3 ist darauf zu sehen (Abb. 5).

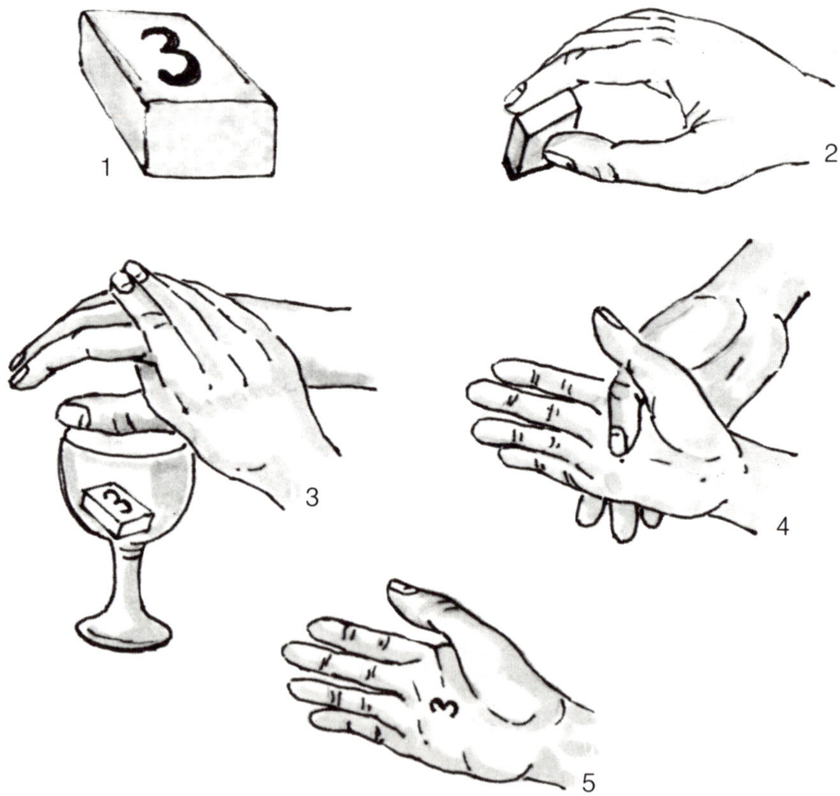

Atomzertrümmerung

Fakirtrick xxx

Material:
Ein durchsichtiger Doppelbeutel, Glasscherben.

Vorführung:
Der Zauberer zeigt einen großen, durchsichtigen Beutel mit Glasscherben vor. Er nimmt einige davon heraus und gibt sie den Zuschauern zur Kontrolle, mit der Ermahnung recht vorsichtig zu sein, damit sich niemand schneidet. Die Zuschauer können auch selbst vorsichtig einige Scherben entnehmen.

Die geprüften Scherben werden wieder in den Beutel getan. Nun greift der Zauberer selbst mit der Hand in die Scherben. Er rührt offensichtlich darin herum, zieht aber die Hand unverletzt wieder heraus. Da der Beutel durchsichtig ist, konnten alle Zuschauer den Vorgang beobachten.

Lösung:
Dickwandige Flaschen, möglichst Sektflaschen, werden in etwa fünfmarkstückgroße Teile zerschlagen; dabei keine Bodenteile benutzen! Diese Scherben in einem Topf mit Wasser übergießen und etwa zwei Stunden kochen. Dabei mit einem Holzstab kräftig umrühren, damit dann kein Grat und kein Schnittrand mehr vorhanden ist.

Der Beutel ist zwar durchsichtig, aber er besteht aus zwei Teilen, ist also nicht sichtbar in der Mitte geteilt. In der einen Tasche, die den Zuschauern zur Prüfung aufgehalten wird, sind richtige Scherben, in der anderen die gekochten ohne Schnittränder. Selbstverständlich greift der Zauberer selbst in die vorbereiteten Scherben. Er hat den Beutel vorher umgedreht, so daß die Zuschauer die Handbewegungen im Beutel verfolgen können.

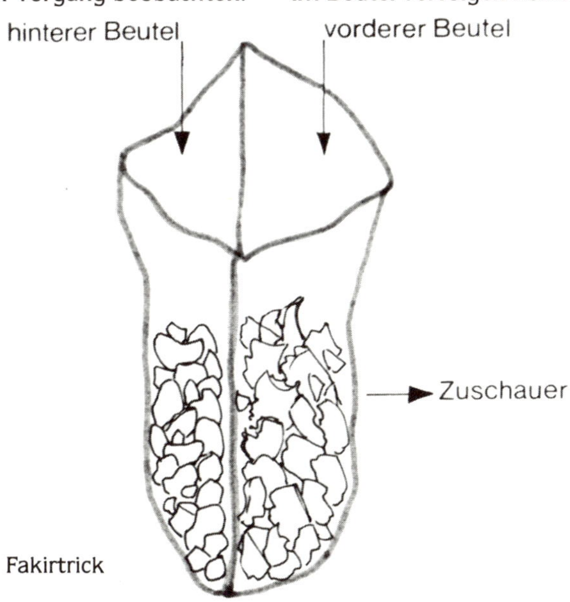

Fakirtrick

Fünffachkästen xxxx

Material:
Fünf verschieden große Kästen, fünf Gummiringe, ein Tuch mit Ring, eine Trichtertüte, ein Ring (vom Zuschauer).

Vorführung:
Der Zauberer leiht sich einen Ring (ohne Stein) von einem Zuschauer, legt ihn in ein kleines Tuch und gibt dieses einem Zuschauer zum Halten. Dann nimmt er vom Tisch ein Kästchen, das mit einem Gummiring versehen ist, und gibt auch dieses einem Zuschauer zum Halten. Dann wendet er sich an den Zuschauer mit dem Tuch und schüttelt es aus: Der Ring fehlt. Nun läßt er das Kästchen öffnen: Es befindet sich darin ein weiterer Kasten mit Gummiring. Wird dieser geöffnet, erscheint wieder ein Kästchen. Das wiederholt sich bis zum fünften Kästchen, und in diesem ist schließlich der entliehene Ring.

Lösung:
Der Zauberer fertigt sich aus Pappe oder dünnem Holz fünf Kästchen von verschiedener Größe an, deren Deckel aufzuklappen sind (Abb. 1). Außerdem baute er sich dazu einen stabilen Trichter aus Blech oder Holz (Abb. 2). Der kleinste Kasten wird mit einem Gummiband versehen, nachdem der Trichter an der offenen Seite bis zu 1 cm in die Öffnung gesteckt wurde. Dieser Kasten wird in den nächst größeren, ebenso vorbereiteten Kasten gelegt und

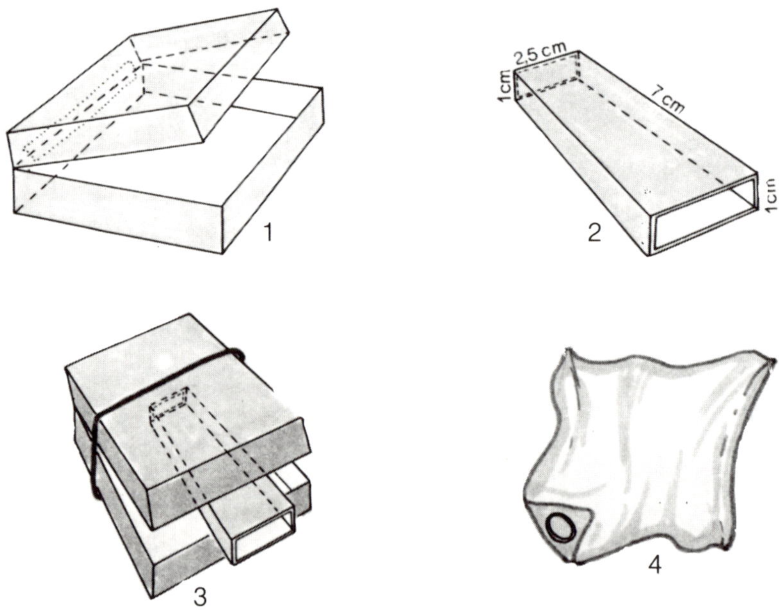

Fünffachkästen

so fort. Der Trichter steckt auf diese Weise zwischen Deckel und Boden aller fünf Kästchen (Abb. 3).

So vorbereitet stellt der Zauberer den Kasten auf den Tisch hinter ein Tuch oder einen anderen Gegenstand, und zwar mit der Trichteröffnung nach oben. Er läßt sich vom Zuschauer einen Ring geben, den er angeblich in ein kleines Tuch wickelt. In einer Ecke dieses Tuches ist ein Ring eingenäht (Abb. 4). Der entliehene Ring wird in Wirklichkeit in der Faust versteckt und dafür der Tuchzipfel mit dem eingenähten Ring in die Mitte des Tuches gebracht. So erhält der Zuschauer das Tuch, in dem er den Ring fühlen kann.

Der Zauberer geht nun an den Tisch zum Fünffachkasten, läßt den entliehenen Ring durch den Trichter in das innerste Kästchen fallen, nimmt den Trichter ab und versteckt ihn hinter dem Tuch. Durch die Gummibänder schließen sich sofort alle fünf Deckel. Den Kasten bekommt ein Zuschauer zum Halten.

Der Zauberer nimmt dem Zuschauer nun das bisher festgehaltene Tuch weg, faßt es an dem Zipfel mit dem eingenähten Ring und schüttelt es aus: Der Ring fehlt! Dann zeigt er die Hände leer vor. Die Kästen werden nun einzeln vom Zuschauer geöffnet: Der Ring ist im letzten Kasten.

Farbklotzlösung xxxx

Material:

Sechs farbige Klötze mit Schlitz, ein passender Kasten, ein Blechstreifen (Abb. 1, 2 und 4, S. 156).

Vorführung:

Der Zauberer zeigt sechs verschiedenfarbige Klötze vor, die in der Mitte einen länglichen Einschnitt haben. Dann nimmt er einen Blechstreifen, den er durch einige Klötze hindurchsteckt. Er erklärt: „Da die Einschnitte länglich sind, kann dieser Blechstreifen nur in einer Richtung durch die Klötze in dem Kasten, den ich hier habe, zu liegen kommen.“ Jetzt legt der Zauberer alle Klötze gleichmäßig nebeneinander in den Kasten und führt den Blechstreifen durch die Schlitze (Abb. 2). Er dreht den geöffneten Kasten um und sagt: „Sie sehen, daß keine Klötze herausfallen können. Sie sind durch den Blechstreifen fest miteinander verbunden.“ Dann nimmt der Zauberer den Blechstreifen heraus, und die Klötze fallen auf den Tisch.

„Bitte bestimmen Sie zwei Farben, die Ihnen besonders gefallen, ich will diese Klötze dann in die Mitte legen!“ sagt der Zauberer. Er legt die Steine in den Kasten, schließt den Deckel und steckt den Blechstreifen durch. Die Zuschauer können durch die Löcher im Deckel feststellen, daß die ausgewählten Farbklötze in der Mitte liegen. Nach einem Zauberspruch öffnet der Zauberer den Deckel und dreht den Kasten um. Es fallen die zwei ausgewählten Klötze heraus, die anderen sind durch den Blechstreifen verbunden.

Lösung:

Der Zauberer legt die ersten beiden Klötze für die Zuschauer sichtbar in den Kasten. Dann dreht er den Kasten so, daß die Zuschauer den weiteren Vorgang nicht beobachten können. Die beiden gewählten Farbklötze werden nun quer (Abb. 3) und die restlichen zwei wieder hochkant gelegt. Der Zauberer schließt nun den Kasten und steckt den Blechstreifen (a) durch. Die beiden gewählten Farbklötze werden nicht festgehalten, da sie quer liegen. Durch die Löcher können aber die Zuschauer die Lage der Klötze nicht erkennen.

Dann sagt der Zauberer einen Zauberspruch, dreht den Kasten um und öffnet ihn. Die beiden Farbklötze fallen heraus, während die anderen noch fest durch den Blechstreifen verbunden sind. So können die Zuschauer den Kasten untersuchen.

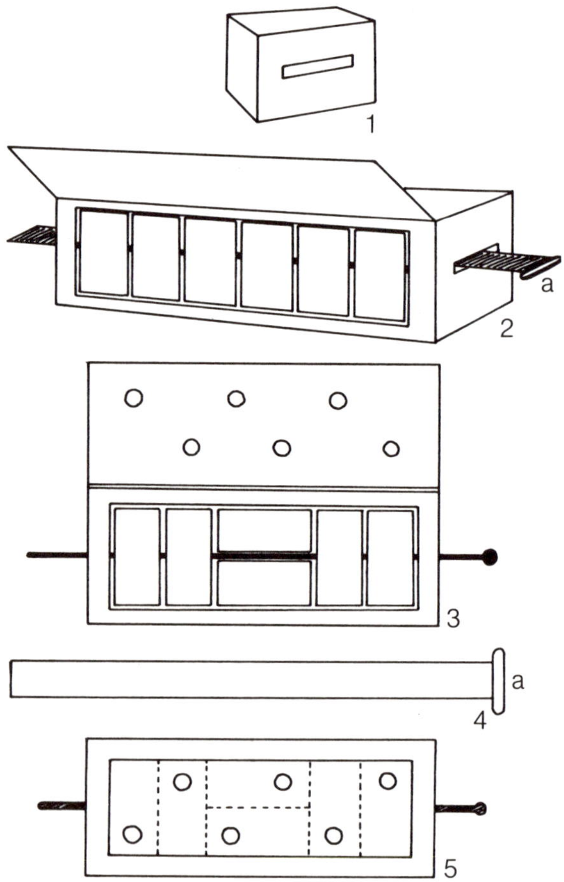

Farbklotzlösung

Illusionen

Illusionen-Tricks gibt es nur noch sehr wenige, da sie wegen der Aufmachung und Vorbereitung meist an eine bestimmte Bühne gebunden sind. In Deutschland gibt es nur noch eine Bühnenschaumöglichkeit für Zauberer und andere Artisten, und zwar das Hansa-Theater in Hamburg. Die Illusion in der Zauberei ist auch selten geworden, weil sie immer sehr viel Geld kostet. Auch ist eine größere Vorbereitung auf der Bühne vor der Darstellung nötig, abgesehen von dem umfangreichen Material und den Helfern, die dazu benötigt werden. Die Vorführung selbst dauert dann oft nur wenige Sekunden, seltener einige Minuten, und dafür gibt der Künstler sehr viel Zeit und Geld aus. Der Nutzeffekt ist also praktisch sehr gering im Verhältnis zum Aufwand. Ein anderer Zauberer kann dagegen eventuell mit den Unterlagen, die er in einer Aktentasche bei sich führt, auf der Bühne eine 30 Minuten lange Darbietung bringen, die ihn selbst wenig kostet. Deshalb verdienen Illusionstricks besondere Anerkennung.
Sie werden nur deshalb hier angeführt (obwohl sie praktisch völlig überholt sind und man sie wegen der Unkosten heute kaum mehr bringt), damit der Leser einen Begriff dafür bekommt, welchen Aufwand die Zauberer für ihre Darbietung früher gebraucht haben.

Rikscha-Illusion

Material:
Eine Spezialrikscha, ein Sonnenschirm.
Vorführung:
Ein chinesischer Kuli kommt auf die Bühne und zieht hinter sich ein rikschaartiges Gefährt her, in dem niemand sitzt. Lediglich ein großer Sonnenschirm hängt über der Rückenlehne des zweirädrigen Wägelchens. Wenn der Kuli sich auf der Mitte der Bühne befindet, wendet er sich mit dem Wagen zum Bühnenhintergrund, so daß die Zuschauer die Rückseite der Rik-

Rikscha-Illusion

scha sehen, also hauptsächlich das Dach des großen Sonnenschirms. Wenn nach einer Wendung in Kreisform die Vorderseite des Gefährts wieder sichtbar ist, sieht man plötzlich ein Mädchen in der Rikscha sitzen.

Lösung:

Die Abbildung zeigt deutlich, wo sich das Mädchen zuerst verbirgt. Der Trick ist ohne Schwierigkeiten möglich, denn das Mädchen kann von innen Sitz und Lehnenteil des Gefährts öffnen und dadurch innerhalb weniger Sekunden auf dem Wagen erscheinen. Der Sonnenschirm muß so groß sein, daß das „Auftreten" des Mädchens aus dem kleinen Rikschastuhl von den Zuschauern unbemerkt bleibt. Das muß in der kurzen Zeit geschehen, da der Sitz des Wagens den Blicken der Zuschauer entzogen ist.

Einfache Kistenillusion

Material:

Eine Spezialkiste, ein kleinfingerdickes Seil, ein großes Tuch (150 cm x 200 cm) an einer Stange, ein Taschentuch, eine Plattform.

Vorführung:

Der Zauberer zeigt eine große Kiste nebst Deckel vor und ersucht einige Zuschauer, alles auf das genaueste zu untersuchen. Dann läßt er seinen Assistenten in die Kiste steigen, legt den Deckel auf und verschnürt die Kiste mit einem langen, ebenfalls vorgezeigten Seil nach allen Seiten so fest wie möglich. Die Kiste wird nun auf eine Plattform gehoben, damit sie frei steht. Ein Zuschauer wird gebeten, sich selbst noch einmal davon zu überzeugen, daß der Assistent wirklich in der Kiste steckt, was auch dadurch bewiesen wird, daß ein Taschentuch mit dem Zipfel in ein an den Deckel gebohrtes Luftloch gesteckt wird. Augenblicklich wird das Taschentuch nach innen gezogen.

Nachdem alle diese Sicherheitsmaßregeln getroffen wurden, nimmt der Zauberer ein größeres Tuch, das an einer Stange befestigt ist, und hält es so vor die Kiste, daß es gerade noch die Plattform frei läßt. Dabei zählt der Zauberer bis zehn. Jetzt wird das Tuch rasch weggezogen: Der eingeschlossene Assistent sitzt oben auf dem Deckel der Kiste, das Taschentuch hält er in der Hand.

Die Kiste wird nun aufgeschnürt und kann auf das eingehendste untersucht und geprüft werden. Es ist alles in Ordnung!

Vorbereitung und Lösung:

Diese Illusion erregte zur Zeit ihrer Entstehung (1904) großes Aufsehen. Das einzige, was an der Kiste auffällt, sind die schmalen Seitenteile, die um die Dicke des Deckels niedriger sind, so daß der Deckel, wenn er aufgesetzt ist, mit den Längsseiten der Kiste abschließt (Abb. 1). Weiter sind an den Schmalseiten des Deckels aus Flacheisen gebogene, halbkreisförmige Ösen befestigt, die groß genug sind, daß ein kleinfingerdickes Seil bequem durchgezogen werden kann.

Ähnliche Ösen, jedoch doppelt so breit wie die am Deckel, sind an den Seitenteilen der Kiste angeschraubt. In diesen vier Ösen und in der durch sie ermöglichten Führung des Seiles liegt das Geheimnis.

Außer der Kiste braucht der Zauberer eine Plattform, auf die er die Kiste stellen kann. Nach hinten zu muß sie etwas breiter sein, damit der Assistent dort festen Fuß fassen kann. Weiter wird ein entsprechend langes, etwa kleinfingerdickes Seil benötigt, um die Kiste verschnüren zu können, so daß noch ein Stück herabhängt, das zweieinhalbmal so lang wie die Kiste ist. Schließlich braucht der Zauberer noch ein undurchsichtiges Tuch mit einer Stange an der oberen Seite.

Die Kiste steht in der Mitte der Bühne, der Deckel lehnt an der Kiste. Das Seil liegt so zusammengelegt, daß die Enden frei und zum Erfassen in greifbarer Nähe bereit sind. Ein Zuschauer wird nun gebeten, die Kiste zu untersuchen. Dann steigt der Assistent hinein, und der Zauberer setzt den Deckel auf die Kiste. Er nimmt das Seil, gibt ein Ende dem Zuschauer und behält das andere selbst. Nun fädelt er es von oben nach unten durch die Ösen (Abb. 2) und zieht das Seil so weit, bis die Mitte auf dem Deckel aufliegt. Der Zuschauer kann nun auf seinen Platz gehen.

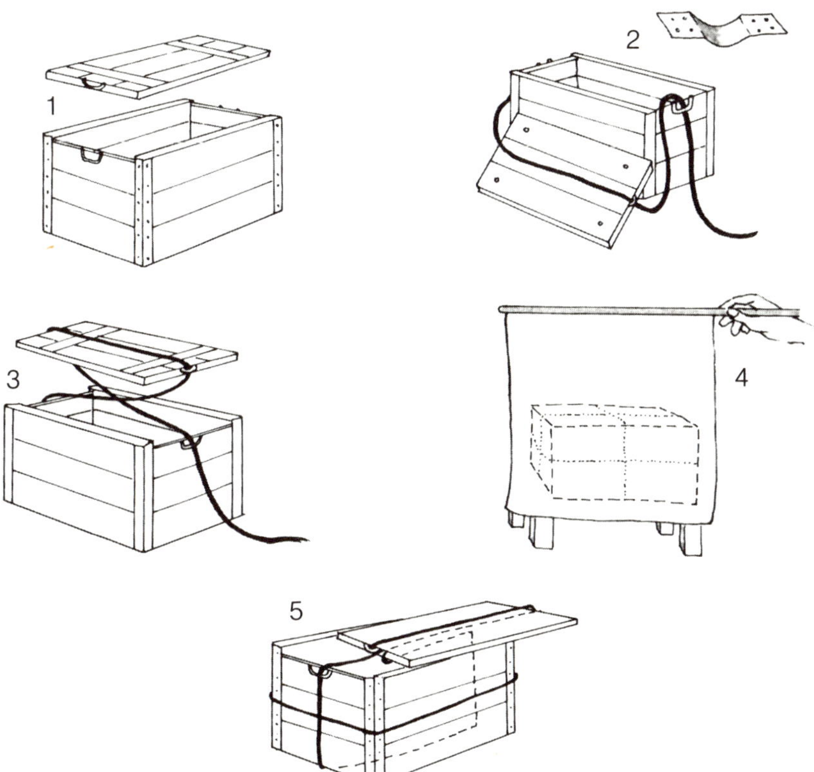

Einfache Kistenillusion

In diesem Augenblick steht der in der Kiste zusammengekauerte Assistent jäh auf, was auf ein vereinbartes Zeichen hin erfolgt, und wirft den Deckel nach vorn. Da das Seil durch die Ösen hindurchgeführt ist, muß der Deckel naturgemäß daran hängen bleiben (Abb. 2, S. 165). Der Assistent macht irgendeine Bemerkung, etwa so, als dauere ihm die Sache zu lange, da er in der Kiste zu ersticken fürchte. In diesem Augenblick drückt der Zauberer den Assistenten in die Kiste zurück und setzt den Deckel wieder auf, aber so, daß die linke Seite des Deckels jetzt auf der rechten Seite der Kiste ist und umgekehrt, wodurch das Seil unter dem Deckel gekreuzt wird (Abb. 3, S. 165). Dadurch, daß die Ösen auf dem Deckel an jene, die an der Kiste angebracht sind, knapp anliegen, ist von außen nicht zu sehen, daß das Seil nicht mehr durch beide Ösen glatt hindurchgeht, sondern von der linken Deckelöse zu der rechten Kistenöse, beziehungsweise von der rechten Deckelöse zu der linken Kistenöse.

Wenn der Deckel so auf die Kiste gesetzt wurde, wird diese mit dem Seil regulär verschnürt. Zuerst wird das Seil in Fortsetzung der sich durch die Durchfädelung ergebenen Richtung der Länge nach um die Kiste geschlungen, dann, indem man das Seil unten kreuzt, der Breite nach und schließlich ringsherum, worauf die Kiste auf die Plattform, die näher gerückt wurde, gestellt wird. Nun wird ein Zuschauer nochmals ersucht, sich zu überzeugen, ob der Assistent sich auch wirklich in der Kiste befindet, was mit Hilfe des Taschentuches bestätigt wird.

Hierauf nimmt der Zauberer das große Tuch an der Stange, breitet es aus und hält es vor die Kiste, ohne die Plattform unten zu verdecken (Abb. 4, S. 165). In diesem Augenblick schiebt der Assistent, indem er einen Finger in eines der Löcher im Kistendeckel steckt, diesen nach links oder rechts, bis die Kiste so weit offen ist, daß er heraussteigen und sich auf die Plattform stellen kann. Der ganze Vorgang nimmt nur wenige Sekunden in Anspruch!

Die merkwürdige Seilführung gestattet es nämlich, daß sich trotz der scheinbar einwandfreien Umwicklung der Kiste der Deckel nach links oder rechts verschieben läßt (Abb. 5, S. 165)! Der Assistent schiebt den Deckel rasch wieder zurecht und setzt sich auf die Kiste. Der Zauberer läßt nun das Tuch schnell fallen, so daß die Zuschauer den befreiten Assistenten, der in seiner Hand das Taschentuch schwenkt, sehen können. Zum Schluß wird die Umschnürung von der Kiste rasch abgenommen. Dabei ist darauf zu achten, daß die Schlinge auf dem Deckel nicht wahrgenommen wird. Nun kann die Kiste eingehend untersucht werden.

Durchbohrter Araber xxxx

Material:
Eine künstliche Hand.

Vorführung:
Der Zauberer macht mit der linken Hand und dem Zauberstab einige magische Bewegungen in Richtung zu einer als Araber verkleideten Person. Dann greift er mit der rechten Hand hinter den Rücken des Arabers: Die Hand kommt durch den Körper des Arabers hindurch zum Vorschein. Der Araber hält seine Hände vorn sichtbar gefaltet.

Lösung:
Die rechte Hand des Arabers ist eine künstliche Hand, wie sie in Scherzartikel- oder Zaubergeschäften erhältlich ist. Diese Hand ist am linken Ärmel befestigt. Der Araber ergreift mit der linken Hand die künstliche, rechte Hand und hält sie vor den Körper. Seine freie, rechte Hand kann er zur gegebenen Zeit, wenn der Zauberer seinen Rücken berührt, durch ein Loch in seinem Kaftan hindurchstecken, so, als sei es die Hand des Zauberers.

Durchbohrter Araber

Leiter-Illusion

Material:

Eine Spezialleiter mit Rollos, ein großer Japanschirm.

Vorführung:

Auf der Bühne steht eine Leiter, die nur auf der Vorderseite Sprossen hat. Die Rückseite ist kreuzweise verstrebt. Der Zauberer geht rings um die Leiter, bleibt auch einmal hinter der Leiter stehen, um zu zeigen, daß sie durchsichtig ist. Auf ein Zeichen von ihm kommt eine Dame mit einem sehr großen Japanschirm auf die Bühne. Die Dame schultert den Schirm rechts und beginnt, die Leiter hochzusteigen (Abb. 1).

Oben angekommen, lüftet die Dame den Schirm, um sich nochmals zu zeigen, und legt dann den Schirmstock auf das obere Leiterbrett. Der Schirm verdeckt jetzt den Vorderteil der Leiter; es hat den Anschein, als säße die Dame hinter dem Schirm (Abb. 2).

Der Zauberer nimmt den Schirm von der Leiter und macht diesen zu. Gleichzeitig sieht man, daß die Dame von der Leiter verschwunden ist (Abb. 3).

Lösung:

Die Rückseite der Leiter ist nach einem gewissen System verstrebt. Es befinden sich da drei Querleisten, oben, unten und

Leiter-Illusion

genau in der Mitte. Diese Leisten sind absichtlich ziemlich breit gehalten, um zwei Rollos aus schwarzem Samt zu verbergen. Der Hintergrund der Bühne muß ebenfalls schwarz sein. Die beiden Rollos befinden sich auf der oberen und mittleren Leiste. An der unteren Leiste ist eine Vorrichtung, mit deren Hilfe sich die beiden Rollos blitzschnell öffnen lassen, wodurch es der Dame möglich ist, sich hinter dieser Deckung zu verbergen. Um dem Körper der Dame Halt zu geben, ist die Leiter auch noch kreuzweise verstrebt, wobei die Breitseiten der Latten als Stütze dienen. Rechts und links oben an den rückwärtigen Seitenteilen befinden sich zwei Handgriffe, die zur Seite hin mit schwarzem Samt abgedeckt sind (Abb. 4).

Beim Verschwinden der Dame spielen sich folgende Vorgänge ab: Wenn die Dame oben auf der Leiter angekommen ist, legt sie den Schirm nach einer Verbeugung so auf das Brett, daß der Schirm ihr Deckung gibt. Eine kleine Haltevorrichtung sichert den Schirm. Die Dame erfaßt dann die beiden Griffe und klettert an der Rückseite der Leiter hinunter, wo sie durch die Rollos, die während des Hinaufsteigens der Dame vom Zauberer ausgelöst wurde, verborgen wird. Das Herunterlassen der Rollos bleibt durch den Schirm unbemerkt.

3

4

Erscheinungs-Illusion

Material:
Ein vierteiliges, hohes Gestell mit Metallhaken, vier passende Vorhänge, ein Ständer.

Vorführung:
Ziel dieser Tricks ist das Erscheinenlassen einer Frau ohne mechanische Hilfsmittel. Das Publikum erblickt zunächst nur ein leeres Gestell nach Art eines Kabinetts, daneben einen Ständer mit darübergeworfenen Vorhängen (s. Abb.). Der Zauberer betritt die Bühne, nimmt einen Vorhang nach dem anderen vom Ständer weg, zeigt ihn jeweils von beiden Seiten und hängt ihn dann an die Stangen des Kabinetts, bis dieses von allen vier Seiten mit Vorhängen bedeckt ist. Ist das Kabinett geschlossen, ertönt ein Schuß. Einer der Vorhänge wird zurückgezogen – es erscheint eine Dame, obwohl keine Falltür, keine rückwärtigen Vorhänge an der Bühne oder anderes zu entdecken sind.

Lösung:
Der Ständer, hinter dem sich die Dame zunächst versteckt, befindet sich 40 cm seitlich vom Gestell. Zuerst wird der rückwärtige Vorhang aufgehängt. Dieser hat einen Schlitz. Ist das geschehen, holt der Zauberer einen zweiten Vorhang, den er an der Seite des Gestells aufhängt, der sich neben dem Ständer befindet. Während des Aufhängens des anderen Endes breitet der Künstler den Vorhang einen kurzen Moment aus und deckt damit den Zwischenraum zwischen Gestell und Ständer ab. Die Dame nimmt diesen Augenblick wahr, um rasch hinter den rückwärtigen Vorhang zu gelangen. Ist das Kabinett geschlossen, schlüpft sie rasch durch den Schlitz im hinteren Vorhang hinein.

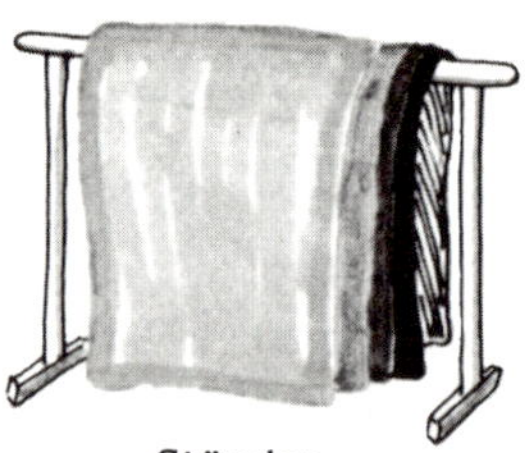

Ständer

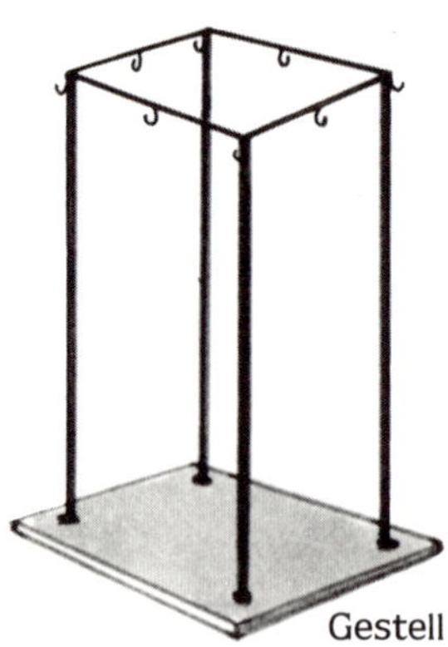

Gestell

Erscheinungs-Illusion